家庭教育必修课

仲昭刚 ◎ 著

北方妇女儿童出版社

·长春·

图书在版编目（ＣＩＰ）数据

家庭教育必修课／仲昭刚著. -- 长春：北方妇女
儿童出版社，2023.3
　ISBN 978-7-5585-6670-7

Ⅰ.①家… Ⅱ.①仲… Ⅲ.①家庭教育 Ⅳ.①G78

中国版本图书馆CIP数据核字 (2022) 第172030号

家庭教育必修课
JIATING JIAOYU BIXIUKE

出 版 人　师晓晖
策 划 人　李　丹
责任编辑　李　婧
开　　本　889mm×1194mm　1／16
印　　张　11.25
字　　数　300千字
版　　次　2023年3月第1版
印　　次　2023年3月第1次印刷
印　　刷　吉林松曼印务有限责任公司
出　　版　北方妇女儿童出版社
发　　行　北方妇女儿童出版社
地　　址　长春市福祉大路5788号
电　　话　总编办：0431-81629600
　　　　　　发行科：0431-81629633

定　　价　35.00元

这门课您可以学到什么

您好，欢迎来到"家庭教育必修课"，我是仲昭刚，现在就职于东北师范大学附属中学。

十几年的教育工作中，我教过非常顽皮的孩子，也带出过高考状元。他们当中，有的已经升级为爸爸妈妈；有的即将在清华、北大、港大和多伦多大学这些国内外的顶尖高校毕业，开始新的人生里程；还有的刚刚升入大学，在为自己心中的理想而奋斗着。

我也是一个十三岁男孩儿的爸爸，孩子现在上初中一年级。他喜欢打篮球，喜欢读书，也喜欢和我讨论各种稀奇古怪的问题。他是学校篮球社团的主力队员，是帮助老师管理班级的小班长，也是在期末考试时，获得免试资格的几名同学之一。

我在平时，经常为在教育孩子方面感到困惑的家长们指点迷津，也为在成长中遇到烦恼的孩子们答疑解惑。我曾经在互联网上开设了一些教育类的课程，受到了很多家长和孩子的欢迎。

在和家长们交流的时候，我发现他们有很多共同的烦恼，比如：有的孩子不喜欢学习，不喜欢读书，不喜欢运动；有的孩子不会学习，不会规划时间，不会和同学们交流合作；还有的孩子不自信，不勇敢，不快乐。

在和孩子们接触的过程中，我发现他们也有很多共性的问题，比如：

有的孩子没有责任感，不懂得感恩；有的孩子缺乏诚信的品质，没有礼貌；还有的孩子没有学习的动力，做事不认真。

这其中的很多问题都是可以在家庭教育的过程中有针对性地预防或者改正的，只是很多家长找不到正确解决问题的办法，或者一直不知道孩子问题的根本所在。

您再和我一起思考几个问题：

1. 孩子学习不好，作为家长到底该怎样帮助孩子？

2. 您有没有发现孩子长大后性格变得越来越孤僻，不愿意和家长交流了？

3. 孩子的朋友很少，怎样才能教会他和别人相处呢？

4. 作为家长，怎样帮助孩子选择一所适合他的学校？好的学校就真的好吗？

结合我的教育经验，我把这些问题进行了有效的梳理和总结，形成了一套系统解决这些问题的思想和方法。

在我开设的这门"家庭教育必修课"中，我把这些思想和方法划分为六个部分，和大家一起分享。

这六个部分的内容是根据先成人再成材，立德才能树人的基本教育思想而设置的。所以我把道德品质的培养放在了第一部分。在这里，我会在培养一个诚信、勤俭、谦和及感恩的孩子方面，给您提供一些我的感受和建议，希望和您一起，为孩子一生的成长打好基础。

我们教育孩子的最终目的是培养他们成为一个对社会有用的人，一个快乐的人。但是我在近几年的工作中发现：有越来越多的孩子，有的抑郁，有的偏执，有的自卑。即使学习成绩很好，但是他们根本就不快乐。这实际上已经偏离了教育的本质，可是我们家长在教育孩子的过程中不易察觉，或者是已经察觉到了，但就是没有找到好的解决办法。所以我把性格的培养放到了第二部分。在这一部分，我会告诉您怎样才能让一个孩子变得自信、勇敢和快乐，让孩子能够健康、快乐地长大。

在第三部分，我既考虑到怎样对孩子当下的学习提供帮助，又考虑到如何有效地增强他们面向未来的基本素质，精心筛选，并给出了创造力、交往能力和执行能力等五种能力的培养方案。让他们有能力去应对未来的各种难题，在激烈的竞争中做到游刃有余。

第四部分涉及家长们最为头疼的学习问题。我将从影响学习效果的学习习惯、学习动力和学习方法等八个方面为孩子对症下药，排忧解难。使其无论是对于应试教育，还是终身学习，都能够从自身的需求出发，为自己做出合理的定位，有针对性地纠正自身的学习偏差。

在课程最后的两个部分，基于很多家长在教育方面存在一些理解的误区，如常常忽视孩子和家长在教育过程中起到的主要作用，过高地相信学校或者课外补习的作用，我将在教育认知的层面，升级您对孩子、家长、老师和学校的理解，以及如何把握教育的基本规律，让教育的效果最大化。

为了让您感受到真实的、有共鸣的教育场景，我在课程中融入了几十个以往发生在我和学生或者孩子之间的教学案例。这些案例结合我为您提出的解决问题的方法一起呈现给您，既会让您知道应该做什么，又会让您知道怎样去做。这些生动的案例会使您有很强的代入感，同时您也能感受到，对的教育会给您带来一种乐趣。比如，在如何培养孩子的创造力这节课中，我提到了学生自制"千人震"实验器材和"高空抛蛋"两个特别有意思的教学案例。

最后，我想和您分享我的一个观点，那就是：家庭教育是所有教育中最为重要的一个环节。

这个环节的课程不仅可以培养孩子良好的学习习惯，激发学习的内在动力，纠正错误的学习方法，还能让孩子受到家长的正面影响，感受到在成长道路上爸妈陪伴的温暖。孩子把这种温暖化作一种力量，就能克服成长过程中的很多困难。

很多家长能够意识到家庭教育的重要性，但就是找不到对的方法。我的这门课，就是专门为您解决这个问题。

好了，下面就让我们一起来看一看，我给您提供了哪些有效的建议。

2021 年 10 月

目　录

第一部分　美好品质的树立

1. 如何帮助孩子树立诚信的品质　/ 001

2. 如何培养孩子勤劳节俭的品质　/ 007

3. 如何培养孩子谦和的品质　/ 012

4. 如何培养一个感恩的孩子　/ 017

5. 如何培养孩子的责任感　/ 022

第二部分　阳光性格的养成

1. 如何培养一个自信的孩子　/ 027

2. 如何培养一个勇敢的孩子　/ 033

3. 如何培养一个快乐的孩子　/ 039

第三部分　综合能力的培养

1. 如何培养孩子的创造力　/ 045

2. 如何培养孩子的交往能力　/ 052

3. 如何培养孩子的合作能力　/ 058

4. 如何培养孩子的阅读能力　/ 064

5. 如何培养孩子的执行力　/ 070

第四部分 学习方法的指导

1. 如何培养好的学习习惯 / 077

2. 如何引导孩子写一手好字 / 084

3. 如何培养孩子认真完成作业的好习惯 / 089

4. 如何激发孩子学习的内在动力 / 095

5. 如何引导孩子有效地学习 / 100

6. 如何指导孩子做好时间规划 / 106

7. 如何纠正孩子的假努力 / 112

8. 如何帮助孩子做好学业规划 / 117

第五部分 教育角色的认知

1. 您当孩子是一棵小树苗还是一块木料 / 123

2. 父母的教育最重要 / 128

3. 老师不是万能的 / 134

第六部分 教育规律的认知

1. 有时间玩的孩子，才能健康地成长 / 139

2. 兴趣是最好的老师 / 144

3. 小学阶段是最重要的教育时期 / 150

4. 爱护孩子最好的方式是教他守规矩 / 155

5. 心怀理想的人，总有无尽的光和热 / 160

第一部分

美好品质的树立

1. 如何帮助孩子树立诚信的品质

大家好，我是仲昭刚。

高尚的德行是一个人安身立命之本。我们常说一个人的健康是"1"，其他的财富、地位、权力等都是后面的"0"，这是从一个人的硬件上来讲；如果从一个人的软件上来说，一个人的德行才是"1"，其他的学历、技能、才艺等都是后面的"0"。

钱学森老先生曾经问过一个著名的问题：为什么我们的学校总是培养不出杰出的人才？这个问题被称为"钱学森之问"。

现在，我冒昧地给钱老一个回答：所谓人才，具备的首要条件就是要具有高尚的品德。教育如果不从树立德行出发，又怎么会培养出杰出的人才呢？

其实，不从树立德行出发的教育，又岂是仅仅培养不出杰出的人才？整个社会都会变得贪婪、野蛮。

从学校开设的课程来看，除了小学开设了道德与法治的课程（学时还非常有限），在初中、高中基本没有有关品德树立的规范课程，大学虽开设了思想道德修养这门课，但是，孩子已经长大了，基本的价值观已经形成，作用相当有限。

一些家长能够认识到在这部分教育的缺失，在孩子成长的过程中能够以身作则，并且营造条件来填补德育教育的欠缺。而在校内，老师们更多的时间都将专业知识作为主要的教育内容；一些学校会要求班主任在班会上开展感恩教育、责任教育等，但也都是相对随机的；教学任务重的时候，老师还会占用班会讲授文化课。所以，现实的情况是，家长还需要在孩子的德育方面投入更多的精力。

那么，从这节课开始，我将从诚信、勤劳节俭、谦和、感恩以及责任感等方面，分五节课来和大家聊一聊"德行"这个话题。

这节课，我们先来聊一聊"诚信"这个话题。

孔子说过："人无信不立，业无信不兴，国无信则衰。"可见，诚信无论是对于个人，还是对于集体，都是十分重要的。那么，怎样才能让孩子树立诚信的品质呢？在这里，我给您提供四个有效的建议：

一、父母要为孩子树立诚信的榜样。

二、清楚孩子说谎的原因，引导他们不要因小失大。

三、在诚信最佳的教育期，让孩子树立诚信的意识。

四、当发现孩子撒谎时，绝对不能纵容。

第一个建议，父母要为孩子树立诚信的榜样。

孔子有个著名的学生叫曾子，很会教育孩子，留下一段"曾子杀猪"的故事：

曾子的妻子到市场上去，她的儿子要跟着一起去，一边走，一边哭。妈妈感觉很烦，就对儿子说："你回去吧，等我回来以后，杀猪给你吃。"孩子为了吃猪肉，就乖乖地回去了。曾子的妻子从市场回来后，见曾子要去杀猪，便拦住他说："我那都是跟孩子说着玩的，你怎么还当真了？"曾子说："你绝对不能够跟孩子说着玩。孩子本来就不懂事，要照父母的样子学，听父母的教导。现在你骗了他，不就是教孩子骗人吗？做妈妈的骗孩子，孩子不再相信妈妈的话，那我们又如何能把孩子教好呢？"于是曾子就把猪给杀了。他用一头猪的代价，教导孩子做人一定要言出必行。

您可能感觉曾子小题大做，不就是一句承诺吗？犯得上杀一头猪吗？我倒是觉得曾子的做法很划算，只用一头猪的代价就能够教会孩子诚信，这是非常值得的。

父母要为孩子树立诚信的榜样，只要做到两点就可以了：
1.不要欺骗孩子。
2.生活中做人做事要真诚守信。

第二个建议，清楚孩子说谎的原因，引导他们不要因小失大。

孩子为什么会撒谎呢？一个主要原因是：孩子小的时候，可能淘气了，为了躲避惩罚而撒谎。如果家长不及时纠正，他就会感觉：原来只要撒一个谎就可以逃过惩罚，撒谎很有用嘛！撒谎的毛病就是这么养成的。其实绝大多数孩子都有过撒谎的经历，只是一部分孩子在成长的过程中，在父母的引导下慢慢地改掉了。而另一部分正好相反，他们会感觉撒个小谎能为其带来小的利益，撒个大谎就能为其带来更大的利益。

我以前有一个学生在这方面就栽过一个大跟头：

有一个学生十分优秀，高考在全省排在前 100 名，综合素质也是出类拔萃。高考后申请了一所著名的高校，面试前让我帮助做一个面试辅导，我告诉他两个原则：一是真诚，二是自信。孩子面试的过程特别顺利，英语沟通流畅，思维活跃，不拘一格，又不失谦和。

本来面试官准备录取他并给予全额奖学金，然而事情在最后关头发生了变化。面试官的最后一个问题是："你在高中阶段担任过什么领导职务？"孩子为了锦上添花，随口回答："学生会主席。"

面试官说："我两个月前去过你们学校做招生宣讲，负责会场布置的同学告诉我，他的职务是学生会主席，可并不是你呀！"这个场面当时特别尴尬。经过讨论，面试官对他说："你的优秀打动了我们，我们本想录取你，并给你发放全额奖学金，问你的最后一个问题，是我们打算把你当作领袖级人才培养。但是结果令我们比较失望，我们经讨论一致决定——录取你，但是不予发放奖学金。希望你在大学阶段能够学会诚实守信，补足你的短板。"

应该说这位面试官的决定还是很人性化又不缺乏责任感的，面试官的话语也是比较柔和的，既指出了他的问题，又为他留有成长的空间。这个孩子的成绩很优秀，同时可以选择到清华大学读书，但是最终他决定——在哪里摔倒就在哪里爬起来，他选择了这个让自己丢尽颜面的学校。

很多年以后，他和我一起聊起往事，他已经释怀。他很庆幸这个跟头摔得比较早。

他告诉我说："我一点儿没有为自己失去那几十万元的奖学金而懊悔，只是怪自己当时为什么会撒那么一个谎。但这一个谎言让我重新认识了自己，很多课真的得从幼儿园开始补起。这次面试是这所大学给我上的第一课，也是最重要的一节课。"

第三个建议，在诚信最佳的教育期，让孩子树立诚信的意识。

曾子能获取儿子的信任，主要是因为作为父亲的曾子诚信意识比较强。可是很多时候，我们更需要的是孩子有很强的诚信意识啊！孩子4岁的时候，就有了判断是非的能力，家长可以找一些因为诚信而成功的故事，或因为不守诚信而失败的故事讲给他们听，帮助他们树立诚信的意识，这是一种既传统又有效的办法。比如下面这个经典的故事：

话说周幽王有个宠妃叫褒姒，周幽王为博取褒姒一笑，下令在都城附近二十多座烽火台上点起了烽火。烽火是边关报警的信号，只有在外敌入侵，需召诸侯来救援的时候才能点燃。诸侯们见到烽火，连忙率领兵将们日夜兼程，匆匆赶到。褒姒看到平日里这些威风凛凛的诸侯疲惫不堪、灰头土脸又紧张万分的样子，开心地笑了起来。诸侯们弄明白这是周幽王为博得褒姒一笑而戏耍了他们后，都特别生气地离开了。像这样的戏耍，周幽王对诸侯们做了好几次。五年后，外敌大举入侵，周幽王将烽火再次燃起，可诸侯们没有来——谁也不愿再上当了。结果周幽王被逼自刎，而褒姒也被俘虏。这就是"烽火戏诸侯"的故事。

这是一个很生动的故事，由这个故事可以和孩子一起总结出：一个人的权力越大、能力越大，由于失信而带来的损失也就越严重。

第四个建议，当发现孩子撒谎时，绝对不能纵容。

孩子小的时候，会出现很多问题，撒谎就是一个常见的问题。一些重视诚信的家长会用心地引导孩子讲诚信。而有一些家长，对这个毛病不予重视，最终酿成大错。

邻居家有一个男孩儿，从小多才多艺，聪明活泼，大人们都夸讲说，这孩子长大准错不了。只是这个男孩儿有一个毛病，就是喜欢说谎。邻居中有人出于好心，善意地提醒过几次，孩子妈妈开始是不好意思地笑笑，后来不耐烦了，干脆回答："我们家孩子从来不撒谎。"一句话，把所有善意的提醒都给挡了回去。

一晃孩子升入高中，碰巧我是他的班主任，对他有了更多的了解：恃强凌弱、顶撞爸妈、撒谎……很多坏毛病都集中体现在他一个人身上。我对他的成长十分担心，最让我担心的是他几次考试都通过作弊取得不错的成绩，以便获取父母的奖励。针对这一情况，我和孩子促膝长谈了几次。在沟通无果后，我又和孩子妈妈沟通这件事，希望能够共同引导孩子不再撒谎。他妈妈的反应让我很惊讶。她压根儿就不相信她的儿子考试会作弊，还告诉我她的儿子很聪明，也很勤奋。我告诉她，及早纠正还来得及，等到孩子大些就晚了。

可是事情并没有得到改善。他妈妈一如既往地相信他。高考结束，我们班除了这个"聪明"的孩子，其他人总分都超过了 600 分，他只考了 451 分。

小孩子撒谎本来是一件小事，也是一件常见的事，基本每个孩子都撒过谎。关键看我们大人怎么做，怎么引导。家长应该给孩子立下规矩：诚信是一个原则性问题，绝对不可以破坏这个原则。同时，和孩子一起讲诚信也是作为家长的底线。

当发现孩子撒谎时，一定不能纵容，但也要讲究方法。如果一味严厉批评很可能适得其反。和孩子交流一下撒谎的原因，约定好以后再也不撒谎，并适当地稍作惩罚就可以了。

父母若希望孩子的路走得长远，不至于走到半山腰突然摔下来，就必须重视诚信教育。

我们在日常生活中，与人交往、办事也应该本着诚实守信的原则。诚信，是一个人安身立命的金字招牌。没有人会愿意和一个没有任何信誉的人交往，相反，每个人都愿意和信誉好的人共事。因为信誉是一种保障，和有信誉的人交往共事，可以使自己更少地承担风险，这会让人心里感到踏实、可靠，而不是提心吊胆。

好了，这节课我和大家聊了"如何让孩子树立诚信的品质"，我给您提供了四个有效的建议，希望对您有所帮助，我们下节课见。

2.如何培养孩子勤劳节俭的品质

大家好，这节课，我们来聊一聊"勤劳节俭"这个话题。

有这么一个民间故事：

从前，在一座山下，住着一个农民，他一生勤俭持家，日子过得无忧无虑，十分美满。在他临终前，把一块写有"勤俭"二字的横匾交给两个儿子，告诫他们说："你们要想一辈子不受饥挨饿，就一定要照这两个字去做。"后来，兄弟俩分家时，就将这块匾锯成两半，老大分到了一个"勤"字，老二分到一个"俭"字。

老大把"勤"字恭恭敬敬高悬家中，每天"日出而作，日落而息"，年年五谷丰登。可是他的妻子过日子大手大脚，孩子们也是不知节俭，久而久之，家里一点儿也不富裕。

而老二自从分到另半块匾后，也把这个"俭"字铭记在心，但他把"勤"字忘到九霄云外。他很节俭，但却不是十分勤奋，每年的收成都不多。尽管一家几口节衣缩食、省吃俭用，日子过得也是捉襟见肘。

这个故事告诉我们：

第一，勤俭才能持家。

第二，勤劳和节俭是不能分开的。

一个人如果只是勤劳，而不节俭，就好比一只没有底的碗，财富再多，也会漏掉。

所以这节课我们把勤劳和节俭放在一块儿聊。

唐代诗人李商隐在他的《咏史》这首诗的第一句就写道："历览前贤国与家，成由勤俭败由奢。"不仅如此，勤俭的品质也是一个人德行的基础。那么，怎样才能培养孩子勤劳节俭的品质呢？在这里，我给您提供四个有效的建议：

一、引导孩子从小就养成勤奋的好习惯，为个人事业的发展打好基础。

二、让孩子懂得天道酬勤、厚积薄发的道理，在学习的细节上多下功夫。

三、无论是男孩儿还是女孩儿，在初中以前都要穷养，因为节俭可以修炼一个人的品德。

四、家长在生活中要加强培养孩子节俭的意识，并且以身作则。

第一个建议，引导孩子从小就养成勤奋的好习惯，为个人事业的发展打好基础。

勤劳不一定能使人大富大贵，但足以养家糊口。勤劳也是边向更大成功的基本保障。

在检验孩子是否勤劳方面，我提醒您注意三个问题：

1. 孩子是否整理自己的房间？

2. 孩子的作业是否有偷懒的情况？

3. 您是否只关注孩子的学习成绩，其他的一切都会帮助孩子准备好？

通过这三个问题，就能检验出您的孩子是否有懒惰的坏毛病。接下来，您最需要做的事情就是从这三个问题出发，逐渐让孩子动起手来。

第二个建议，让孩子懂得天道酬勤、厚积薄发的道理，在学习的细节上多下功夫。

很多孩子在初中二年级的时候学习成绩开始下滑，不明所以的家长总是会认为课程的难度加大了，孩子的智力水平有些跟不上了，于是就在课外给孩子找了很多的补习班，见孩子的成绩没有得到明显的提高，就问我："仲老师，这是怎么回事啊？我家的孩子怎么就是学不明白呢？"

初中二年级时，很多孩子的成绩出现了分层，而这个分层并不是孩子的智力高低决定的，多数是懒惰导致的。

所以关键的问题是首先让他们懂得天道酬勤、厚积薄发的道理，然后多从自身找原因，付出之后再看回报。在这里，我给您提供三个小建议：

1. 每天坚持检查孩子的作业完成情况，鼓励孩子再细致一些。

2. 每周坚持采取思维导图或者鱼骨图的方法梳理各学科的知识点。

3. 整理错题本。不是简单地把错题整理到一个本子上，而是找出错误的原因，对不熟练的知识点加以针对性练习。

相信只要坚持住，一定会有很大收获的，这比课外辅导要有用得多。最关键的是，孩子能够通过学习，养成勤劳的品质。

第三个建议，无论男孩儿还是女孩儿，在初中以前都要穷养，因为节俭可以修炼一个人的品德。

为什么一定要穷养呢？穷养的主要目的就是得让孩子懂得珍惜，进而养成节俭的品质。

穷养并不是说一定要在物质上苛刻地对待孩子，而是让他们在思想上恪守简朴的精神。

我读小学时的一篇课文的题目，至今让我记忆犹新，那就是：静以修身，俭以养德。

那时我的年龄小，只是大概地知道这篇课文是要人们学会节俭。等到年龄大一些，才越发能够感受这句简单朴素的话语背后深深的内涵，也慢慢了解这句话是出自诸葛亮之口。于是，我再看三国时尤其注意诸葛亮的饮食起居，果然简朴得很。更加打动我的是诸葛亮临终遗言中的一小段话，他对后主刘禅说："臣家成都有桑八百株，薄田十五顷，子弟衣食，自有余饶。至于臣在外任，别无调度，随身衣食，悉仰于官，不别治生，以长尺寸。臣死之日，不使内有余帛，外有赢财，以负陛下也。"这段话让我对诸葛亮的为人十分钦佩。三国时期是英雄辈出的年代，在那个时期诸葛亮未必就是最聪明、最有本事的人，像庞统、司马懿都是了不起的、有智慧的人物，为什么到今天诸葛亮的名声最响亮呢？我想，这和他鞠躬尽瘁、勤俭节约的精神有很大的关系吧！

节俭不仅可以修炼德行，还有一种特别的力量。

我的一个学生现在就读于多伦多大学计算机科学专业，有关他在高中时的一段往事让我无法忘却：记得那是 2016 年刚刚入冬的一次课间操，我低着头，沿着班级队伍从前排向后排走去，突然发现一根大脚趾从一只破旧的运动鞋里面钻了出来。再看另一只鞋，鞋帮外侧也漏了个大洞。我没停留，走到排尾暗自琢磨：以我的了解，这个孩子的爸爸是计算机工程师，妈妈是小学老师，完全可以负担孩子的生活费用。是不是爸妈工作太忙了，没时间给孩子买鞋呢？这可到冬天了，别把孩子的脚冻坏了。

课间操结束，我偷偷地把这个平时勤奋、朴实的孩子叫到角落，问他："我看到你的鞋破了，这都入冬了，别把脚冻坏了！"

孩子笑了笑，回答说："老师您可真细心，我家里有新鞋，只是感觉这个鞋还能穿一阵，没舍得扔。"

对话很简短，但是让我很震撼。要知道那是在 2016 年啊，周围的同学们简朴的也有很多，但很少看到有人穿露脚趾的鞋啊！这样节俭的孩子真的让我很惊讶，同时他的形象在我心里也变得很高大。因为，节俭的人，总会给人一种品德高尚的印象。特别是已经很富有了，依然很节俭，就会更加受到人们的尊重。

第四个建议，家长要加强在生活中培养孩子节俭的意识，并且以身作则。

宋朝著名理学家朱熹说过一句话："一粥一饭，当思来之不易；半丝半缕，恒念物力维艰。"我在一些饭馆的墙壁上见到过这句话，感念老板的良苦用心啊！可即使这样，对于客人铺张浪费的行为也起不到太大的作用，因为节俭的观念根本没在人们的脑子里，究其原因主要是节俭的教育根本没有上升到国民教育层面，"长流水""长明灯"现象总是随处可见，中国人每年吃剩的食物足以供养一个小国。而我们国家无论是淡水、石油、粮食，这些消耗型资源的人均水平都不富足，甚至很低。我们经常说：我们的国家地大物博，但不要忽视了，还有半句话，那就是人口众多啊！

唐朝诗人白居易感慨资源危机时曾说过这样一段话："天育物有时，地生财有限，而人之欲无极。以有时有限奉无极之欲，而法制不生其间，则必物暴殄而财乏用矣。"意思是说，天地孕育万物都有一定的时空限制，而人的欲望是无止境的，因此人要克制自己的欲望，不要滥用自然界的资源。白居易的这句话说明古人很早就已认识到人的需求的无限性与资源有限性的矛盾。在古代社会，人口少，资源相对丰富，但这一矛盾仍然是存在的，何况今日。

节俭意识的树立，主要是靠家长和老师的正确引导。在这个问题上，家长的作用相对老师还会大很多，所以我们在平时要特别注意在这方面的引导，具体给您三个小建议：

1. 可以经常教孩子一些家庭废品的利用方法，比如使用矿泉水瓶制作小工具收纳盒。

2. 从节约水电到节约粮食，注意把节约教育细节化。

3. 对孩子的节俭行为给予正面表扬，引导孩子由行为向思想上转变。

以上就是本节课的全部内容，希望对您有所帮助，我们下节课见。

3. 如何培养孩子谦和的品质

如果说"诚信"是一个人长远发展的坚实基础，"勤劳节俭"是一个人走向成功的基本保障，那么，"谦和"就是一个人为人处世无往不利的人生智慧。今天我们就来聊一聊"谦和"。

先给大家讲一个笑话：

一高一矮两个人结伴勘察原始森林，一路上高个儿总是对矮个儿发号施令，以强者自居，他们只有一顶帐篷，即使是下雨天，高个儿也让矮个儿住在帐篷外面。一天，他们误入一个部落领地被捉住，酋长要打他们每人100板子，但是准许他们在被打之前提出一个要求。高个儿抢着说："好，我先来，给我找一块垫子垫在我的后背上。"100板子打完，高个儿毫发无损。轮到矮个儿了，他慢慢地趴下，轻轻地说了一句："来，把刚才那个高个儿给我垫在后背上。"

这虽然是一个笑话，但却反映出人在交往的过程中不懂得尊重他人是会带来不好的后果。与之相反，我们在生活和工作中也经常会遇到谦虚和善的人，与他们相处，总有一种如沐春风的感觉。而他们的人际关系也总是十分融洽的。

所以，谦和的品质，能为我们营造和谐的人际关系。"言语谦和好处世，行为低调好做人"，说的就是这个道理。

那么，怎样培养孩子谦和的品质呢？在这里，我给您提供四个有效的建议：

一、教会孩子懂礼貌，尊重他人，这对孩子的人际交往会有很大的帮助。

二、帮助孩子树立"和谐共赢"的理念，可以有效地拓宽孩子的眼界。

三、家长和孩子有时要明白"吃亏就是占便宜"的思想。

四、引导孩子分析自己的优点，也用发现的眼光看待别人的优点。

第一个建议，教会孩子懂礼貌，尊重他人，这对孩子的人际交往会有很大的帮助。

一些家长和我反映："我们家孩子在家里挺活泼的啊，怎么在学校没有伙伴呢？"

是这样的，由于我们现在大部分孩子都是独生子女，独生子女最缺乏的就是与同龄人相处的能力和方法，而这里面最关键的又是"对人和善"和"乐于分享"。只要能做到这两点，孩子的朋友就会慢慢地多起来，就会喜欢上学。

我们有一些家长做得很好，从小就教孩子遇到长辈要主动打招呼。其实，再进一步，教会孩子遇到同学或曾经一起玩过的伙伴时打个招呼也是十分必要的，这会让其他孩子瞬间感觉他和咱们的孩子是比较亲近的，在他的心里可能就把咱们的孩子划到"朋友"的行列。然后在交往的过程中让孩子再谦让友好一些，就会让其他孩子感觉很舒服，马上就把咱们的孩子划到"好朋友"的行列。相反，如果因为一件小事，比如争抢一个足球，两个孩子你不让我，我不让你，就会在彼此心中留下摩擦的痕迹，在以后的交往中就不容易放得开，彼此都心存芥蒂。

"谦和"这个词最早出自《晋书·良吏传·邓攸》："性谦和，善与人交，宾无贵贱，待之若一。"谦和就是谦虚平和，是一种道德的体现，也是一条处世真理，它告诉我们与人交往要懂得谦让和善。

真正谦和的本源一定是对人由内而外地尊重，如果缺少了发自内心的尊重的谦和，就会给人一种假惺惺的感觉。这个尊重不仅是尊重师长，还有尊重同龄人、尊重晚辈。要求更高一些的话，要尊重自然界的一花一草，尊重自然界的每一个生命。

第二个建议，帮助孩子树立"和谐共赢"的理念，可以有效地拓宽孩子的眼界。

谦和的人更加容易成就大事业。

战国时期有一个著名的"负荆请罪"的故事，是这样的：

战国时赵国舍人蔺相如奉命出使秦国，秦王要用十五座城池换和氏璧，秦王并无诚意换城，只想得到和氏璧。蔺相如不辱使命，完璧归赵，所以被封了上大夫；他又陪同赵王赴秦王设下的渑池会，使赵王免受秦王侮辱。赵王为了表彰蔺相如的功劳，就封蔺相如为上卿。这时赵国老将廉颇认为自己战无不胜，攻无不克，蔺相如只不过是一介书生，只有口舌之功，却比他官大，对此心中很是不服，所以屡次对人说："以后让我见了他，必定会羞辱他。"蔺相如知道此事后，以国家大事为重，尽量不与廉颇相见，即便路上遇到廉颇的车驾，也赶紧避开。蔺相如的门客很是不解，问道："您的官职比廉颇将军要高，可是您为什么这么惧怕他呢？"蔺相如回答道："廉颇与秦王相比谁更强大啊？以秦王那样的威势，我蔺相如都敢在秦国的朝廷上呵斥他，羞辱他的大臣。我蔺相如虽然才能低下，难道偏偏害怕廉将军吗？但是我想到，强大的秦国之所以不敢轻易对赵国用兵，是因为有我们两个人在啊！现在如果两虎相斗，势必是不能共存的。我之所以这样做，是因为以国家之急为先而以私仇为后啊！"

廉颇听到这话，感到十分羞愧，便脱去上衣，露出上身，背着荆条，由宾客引导到蔺相如家的门前请罪，说："我这个粗陋卑贱的人，想不到将军宽容我到这样的地步啊！"

两人最终和好，成为生死与共的朋友，人们也更加敬重蔺相如了。

所以您看，这就是以退为进的力量，这就是智慧啊！试想，如果蔺相如和廉颇一样不以大局为重，不懂得和谐的重要性，那赵国就危险了呀！所以说，从另外的一个方面讲，懂得谦和的人，他会有更大的格局。我们如果希望孩子将来能够成就一番大事业，一定要注重培养"和谐共赢"的理念，拓展孩子的视野。

第三个建议，家长和孩子有时候要明白"吃亏就是占便宜"的思想。

现在的孩子最大的苦恼就是玩伴比较少，特别是住在大城市的孩子，在一个小区都很难找到几个熟悉的同学。所以，在学校的时光就要和同学们尽可能地多交流、多接触、多在一起玩。但是，有的孩子不懂礼貌，又处处想占便宜，吃一点儿亏都不行。这样的孩子，朋友会越来越少。这里面的关键还是家长的引导。不让孩子吃一点儿亏的家长是最可怕的。他会导致孩子的朋友很少，严重一些的根本就没有朋友。孩子的性格慢慢会变得孤僻，童年时期应该有的快乐会离他而去。

而懂得礼貌、为人谦和的孩子，在和同学相处的时候，给人的感觉很舒服，更会受到同学的欢迎，在学校的时光就会很快乐。

所以说，我们如果能够引导孩子待人谦和，有的时候看似吃了一点儿小亏，其实他会收获一个和谐的人际氛围和一帮好朋友的。无论是家长还是孩子，都要明白，吃一点儿小亏不要紧。从长远来看，吃亏在很多时候真的就是占便宜。有智慧的家长，从来不会因为孩子在学校吃一点儿小亏而去找别人理论；而是告诉孩子别去在意，大气一些。这样的家长培养出来的一定不会是一个小家子气的孩子，他一定有非常和谐的人际关系，这样的人际关系对孩子的心理发育是十分必要的。

第四个建议，引导孩子分析自己的优点，也用发现的眼光看待别人的优点。

每个人身上都是既有优点又有缺点的，关键是我们把注意力放在哪里。家长要经常和孩子谈论其他孩子的优点，加以学习。这样，就会把孩子的注意力引导到发现别人的优点上面。

同时，引导孩子去分析自身的优点，比人强的地方不骄傲，明白"人外有人，山外有山"的道理；不如人的不气馁，明白"尺有所短，寸有所长"的道理。

当孩子注意自身的优点的时候，就会变得自信，但是自信过头了，很容易目中无人，家长引导孩子去用发现的眼光看待别人优点的时候，孩子就会懂得谦虚。

最后，我要特别强调一下，谦和并不等于处处谦让或者处处忍让，谦和是人和人在交往过程中出于尊重的谦让和友好。一个人存于世上，总免不了各种竞争，该出手时就出手，就事论事就好。我相信，一个谦和的人肯定是少不了竞争的智慧的！

我们通过三节课的时间和大家聊了"诚信"是一个人长远发展的坚实基础，"勤劳节俭"是一个人走向成功的基本保障，以及"谦和"是一个人为人处世无往不利的人生智慧。德行的树立既是一个长期的过程，又是一个艰难的过程，需要家长长久地陪伴作为保障，如此德育的意识才能够增强。先让我们的孩子能够成人，后面我们共同探讨怎样把孩子培养成材。

以上，就是本节课的全部内容，希望对您有所帮助，我们下节课见。

4. 如何培养一个感恩的孩子

这节课，我们来聊一聊"感恩"这个话题。

如果你要问我：一个人，怎么样能有更强的幸福感？我的答案是：需要怀有一颗感恩之心。

如果你要问我：一个社会，怎么样能让人感觉更加温暖？我的答案是：需要人人怀有一颗感恩之心。

感恩是一种美好的品德，也是一种温暖的回报。每一次对外界升起感激之情，人的灵魂就会得到一次升华。

我国古代的人们对感恩意识是十分重视的。像《羔羊跪乳》《乌鸦反哺》这样的宣扬感恩的故事，都是为了教人们学会感恩，从而对待老人、师长和朋友给予的帮助和教导都能心存感激，懂得回报。

其实老师的教导和父母的养育，很多时候并没有指望孩子能有所回报，只是单纯地希望他们能够好好长大，健康、快乐地生活。但是，孩子若是没有感恩之心，是不会拥有快乐的。因为一个没有感恩之心的人，不太容易得到满足。一个永不知足的人，又怎么能快乐呢？

另外，一个不懂感恩的人，在德行上是有缺失的。

我们常常批评一个不赡养父母的人没有良心，夸奖一个事业有成之后回报父母、回报家乡的人有良心。人们常用有没有良心来评价一个人的道德水准，有良心说白了就是懂得感恩。

那么，怎样才能培养出一个懂得感恩的孩子呢？在这里，我给您提供几个有效的建议：

一、父母的感恩行为和感恩之心是孩子最好的榜样。

二、有效利用父亲节、母亲节这样的节日，培养孩子的感恩意识。

三、让孩子拥有感恩的心。

四、引导孩子常怀感恩之心，让感恩成为一种习惯。

第一个建议，父母的感恩行为和感恩之心是孩子最好的榜样。

感恩意识的培养是需要家庭、学校和社会多方参与的。

我在工作中也经常和孩子们渗透：一个人要有感恩之心。比如在高一的第一个学期，我会安排一节以"感恩"为主题的班会，引导他们感恩父母，感恩老师，感恩曾经帮助过他们的每一个人。班会过后一般会收到比较好的效果，因为每个人的内心都有善良的一面。感恩教育能很好地激发出孩子们善良、淳朴的本性，家长都跟我反映，孩子上高中后懂事了，在家里能主动干活儿了，和爸妈说话的态度变好了，等等。

当高一第一学期过半的时候，我第一次召开家长会。除了和家长们介绍初高中的衔接一些学习方面的事情，我会用很多时间和家长交流让孩子学会感恩这件事。为什么和孩子讲完还要和家长讲呢？因为，对于感恩意识的培养，家长对孩子的影响是最大的，也是最深刻的。

这个影响发生在家长和孩子共同生活的每一天里。爸妈的一举一动，包括心理上的想法，都很可能被孩子察觉、效仿。比如爸妈对待爷爷奶奶温和的态度和无微不至的关心，就会带动孩子在心里也经常牵挂老人。我接触到的孩子中，凡是和爷爷奶奶、姥姥姥爷感情特别好的，基本都是他（她）的爸爸妈妈特别孝顺老人的。孩子平时学习很紧张，但家长都会隔一段时间带着孩子去看望老人。像这样的心中记挂老人的孩子，爸爸妈妈在他（她）的心中的分量肯定会更重。

这就是一种无言的感化和教育。我们有时候说：最好的教育就是不着痕迹的教育。有的人称之为无痕教育。而爸爸妈妈正向的一言一行就是最好的无痕教育，这样的爸爸妈妈就是孩子最好的榜样。

相反，爸爸妈妈如果不孝敬老人，不懂得感恩，那么，孩子就很难受到正向的影响，没有感恩意识和感恩之心也就再正常不过了。这样的孩子就会变得只知道索取，不知道付出。

作为班主任，在给学生排座位的时候，我经常把学习成绩好的孩子和学习成绩不好的孩子搭配坐在一起，希望成绩好的孩子在学习习惯和其他方面能对同桌有一个积极的影响。但是，我接到一个成绩差的孩子的投诉，说同桌不给他讲题，一点儿都不能帮助他。

经过了解我得知，一开始这个学习好的孩子是给同桌讲题的，但是这个成绩差的孩子不管是上课还是下课，只要不会就去问，严重影响了人家的学习。成绩好的孩子就不再愿意帮助他了，而这个成绩差的孩子一点儿也没感觉自己拖累了人家，反而理所当然地认为：老师这么安排，你就有义务给我解答，你不给我解答就是你不对。

这个孩子心中没有一点儿感恩的意识。时间长了，熟悉他（她）的人就不再会主动帮助他（她）了。而这种孩子的背后，通常站着一位自私的、不懂感恩的家长。

所以，在这方面做得不够好的家长，从今天开始，就从孝敬老人做起。从利害关系的角度讲，这是一个至少让三代人都受益的事。从基本的做人方面来讲，人们也常说"百善孝为先"嘛！那我们就给孩子做一个好的榜样吧！

第二个建议，有效地利用父亲节、母亲节这样的节日，培养孩子的感恩意识。

每年的父亲节和母亲节，我都会和学生们精心地准备。其中的一次母亲节，我和孩子们做了三件事情：第一，我号召孩子们给妈妈制作一张手工的贺卡，在上面写上这一年来最想和她说的一句话，并祝贺她节日快乐。第二，我号召大家在班级的走廊板报上制作一期节日专辑，以此提醒更多的孩子，今天是母亲节。第三，我们一起开了一次"妈妈您辛苦了"的主题班会，会上录制一段"妈妈您辛苦了，祝您节日快乐"的视频给家长观看。让节日更有仪式感。

很多家长和我说，孩子忽然长大了，懂得感恩了。

像这样的事情，在家里面我们也可以做。比如爸爸记得母亲节，妈妈记得父亲节。这样，在过节的前几天，就可以和孩子一起为对方准备节日礼物。同时，也为孩子的爷爷奶奶或姥姥姥爷送去祝福。

一家人在一次次这样的节日中彼此惦念，彼此关心，互相表达问候和感激之情，不仅可以让家庭变得更加温馨和睦，还可以有效地培养孩子的感恩意识。

在所有的感恩对象中，最应该被感恩的就是父母。所以，无论多么重视父亲节和母亲节都不过分，无论对爸爸妈妈有多么大的回馈，也都是应该的。

第三个建议，让孩子拥有感恩的心。

孩子个懂得感恩的很大原因，就是所有的东西得来的都太容易了。家长对孩子的要求基本上是有求必应，或者有时候孩子根本没有这样的需求，家长就已经提前给孩子准备好了。当所有的东西都是那么容易得到的时候，孩子根本就不知道珍惜，根本就不知道为了这些东西的得来，家长是要付出一定代价的。

我刚毕业时教过这样一个男孩儿，他脚上的鞋子都是大牌，而且从周一到周五每天换一双，同学和老师都以为他的家境不错，可是每次家长会他的爸爸妈妈都是找借口不来。

后来，这个孩子学习成绩下滑明显，还染上了很多不好的习惯，我就打电话约他的妈妈到学校，他妈妈开始时推脱，后来勉强答应，但拜托我不要告诉孩子她来过学校。

开始我还纳闷儿，直到见到孩子妈妈，我的疑惑才解开。

四十多岁的年龄，半头白发被她打理得特别整洁。衣服干净朴素，但明显已经穿了很多年。黝黑的皮肤上挂满了和她年龄不匹配的皱纹。

见面后，没等聊上几句，妈妈就已经控制不住情绪，泪流满面。

她哭着和我说："仲老师，不是我不管孩子，现在想管管不了啊！想要啥就必须得给他买，就我和他爸的这点儿收入，是真支撑不住了。这还是高中，真不知道上大学还要花多少钱。光花钱也就算了，他对我和他爸说话态度从来都不好。都怪我们，孩子小时家里条件虽然不好，但都是尽全力满足他的要求。但是现在，我们真的是没有能力支撑了！"

所以说，娇惯出来的孩子，往往成了"白眼狼"。

第四个建议，引导孩子常怀感恩之心，让感恩成为一种习惯。

我们学校在冬天也要做室外广播体操。当体操结束，各班的学生依次站队回到教室的时候，我会经常看到有的志愿者学生站在寒冷的门口，用手托举起平时用来遮挡寒风的棉布门帘。这个时候，站在旁边的我会听到，有的学生对志愿者学生说声"谢谢"，而更多的孩子都是直接走过去。

不要小看这轻轻的"谢谢"，它能够折射出一个人的教养，以及是否对别人的帮助怀有感恩之心。我在和孩子们接触的时候，通常都对这样出于感谢能道"谢谢"的孩子刮目相看。无论他的学习成绩怎么样，在我眼里都是特别的存在。因为，这样的孩子已经把感恩内化成为一种习惯，他是更值得信任和教化的人。

以上就是这节课的全部内容，希望对您有所帮助，我们下节课见。

5. 如何培养孩子的责任感

这节课我们来聊一聊"责任"这个话题。

有一个关于美国第四十任总统里根小时候的一个故事：里根小的时候和小伙伴一起踢足球，把一间杂货铺的玻璃给打碎了。这个店主向里根要 12.5 美元作为赔偿。里根还小，肯定没有钱嘛。于是，他爸爸就替里根赔付了这 12.5 美元。但是他对里根说："玻璃是你打碎的，应该由你自己来赔偿，这 12.5 美元算是我借你的。"后来，里根用一年的时间去打零工，终于把钱还给了爸爸。

很多年以后，每次里根谈到这件事，都特别感激爸爸向他要那 12.5 美元。他说是爸爸教会了他承担责任。

反观我们身边的一些孩子：自己的事情自己不能承担，家里的事情从来不闻不问，集体的事情更是漠不关心。这些表现，都是缺乏责任感的缘故。

责任心是孩子健全人格的基础，也是一个人积极向上的内在驱动力。缺乏责任感的孩子会特别自私，不顾集体，不管其他人的感受，对社会缺少一种使命感，生活和学习毫无动力可言。所以，培养孩子的责任感，能让他关心自己、关心他人、关心社会，成为一个有血有肉的人，成为一个积极向上的人。

这样的孩子家长喜欢，同学喜欢，社会需要。无论在哪里都能体现出自身的价值，生活和工作的幸福感也就比别人高很多。

那么，如何来培养孩子的责任感呢？在这里，我给您提供五个有效的建议：

一、让孩子从小明确自己的责任，自己的事情自己做。

二、让孩子勇于担当，对自己的过错承担责任。

三、多让孩子参与家庭劳动或家庭决策。

四、让孩子成为一个有爱心的人，才会更有责任心。

五、家长要为孩子树立负责任的好榜样。

第一个建议，让孩子从小明确自己的责任，自己的事情自己做。

我们小的时候，家里孩子比较多，父母经常要到地里做农活儿，没时间管孩子，往往是稍大点儿的孩子来照看弟弟妹妹，他们的学习父母也基本没时间管。可我们那个时候的孩子基本上都比较独立，自己的事情自己做。穿什么衣服，怎么做作业，都是自己来完成，甚至还要在父母做完农活儿回到家之前把饭做好。在这个过程中，孩子既要做好自己，也要顾及别人，所以在潜移默化中培养了自己的独立性和责任心。

而我们现在的孩子，父母把什么东西都弄好了，让他衣来伸手，饭来张口，他什么都不用想，什么都不用做，父母说："你只管学习就好了。"可是这样只能适得其反。因为父母把孩子的责任都承担在自己身上，结果使得孩子缺失承担责任的机会和意识。

现在孩子身上出现的很多问题，都是我们家长这种代替承担的教育方式造成的，太过于关注，太过于关心，太过于包办，孩子丧失了独立性和责任感。

所以我们家长现在要做的就是适时放手，很多孩子可以做的事情要由他（她）自己来做，比如整理书包、整理书桌、叠被子、拖地、洗袜子或一些小的衣服等。孩子有时可能做不好，家长要允许孩子做不好，你可以教他（她）如何做，做到什么程度。给孩子一定的时间，加以鼓励与肯定，我相信我们的孩子都是可以做好的。只要家长能坚持不包办、不代办，很多事情孩子是可以学会做的。

第二个建议，让孩子勇于担当，对自己的过错承担责任。

准备这节课的时候，我的孩子刚好遇到一件烦心事：他在学校打篮球，不小心将篮球砸到了同学的鼻子上。我下班后和孩子妈妈去医院陪同对方孩子家长一起给被砸伤的孩子做了检查。结果还好，没大事。我们付了检查的费用，又给孩子买了一些水果表示歉意。回到家里，我们教育了孩子打球时要注意自己的安全，同时也要注意别人的安全。

孩子态度很好，答应以后一定会多加小心。但是我想，多加小心是以后的事情，当下的这个问题孩子并没有承担应有的责任啊，一切的处理都是我和他妈妈代替他去做的啊！为了让他为这次的莽撞行为负起责任，我和孩子商量：一个月之内，要比以前做更多的家务劳动，除了平时自己洗饭盒、洗袜子，这一个月内地面卫生都由他一个人承担。

我这样做的目的就是希望他能懂得，做错事是需要承担责任的。而且，自己的错误只能自己来承担。

第三个建议，多让孩子参与家庭劳动或家庭决策。

作为家庭中的成员，孩子既应该享受权利，又应该承担一定的责任。我们应该把孩子当成家庭的一员平等看待，不能总把他当孩子看。家庭的大型劳动，比如每逢重大节日家里大扫除，都可以让孩子参与，适当地给他（她）分配一些任务，让孩子体会到参与家庭劳动带来的乐趣。

家里的重大决策也可以适当地听取孩子的意见，合理的话也可以采纳，让孩子感受到成为家庭的主人。父母的一些忧虑和难处也可以适当地让孩子了解，从而培养家庭层面的责任心，以后孩子走向社会，为孩子培养社会层面的责任心奠定了基础。

第四个建议，让孩子成为一个有爱心的人，才会更有责任心。

孩子如果心中有爱，关心他人，善待他人，也肯定是一个有责任心的人。

社会中很多职业都需要极强的责任心，比如教师、医生和法官，等等。一个有责任心的法官，我们可以说他很称职，而一个有爱心的法官就堪称伟大。因为，他会既讲法理，又通人情。一个有责任心的老师可以把学生培养成材，而一个有爱心的老师可以把学生培养成人。因为，他思考的不仅是让孩子考上好的大学，还要成为一个健康、快乐的人。一个有责任心的医生可以治愈患者身体的疾病，而一个有爱心的医生可以抚慰患者心灵的创伤。因为，他总会用心体谅每一个患者心中的困苦，动作轻柔，言语缓和，让患者如沐春风。

没有爱心的人，是很难有责任心的。而一个有爱心的人，每时每处都在为他人着想。

在网上曾经流传过这样两张图片和说明：

一张上面有一个环卫工人，站在垃圾箱旁边，举起一只鲜血淋漓的手，正在和过路的人们抱怨，不知道是谁在垃圾箱里丢下很多碎玻璃，被其他垃圾覆盖着，他没有看到。等他用手去清理垃圾的时候，伸出的手被碎玻璃深深地割伤了。看着这张图片，相信很多人都在心里心疼这位环卫工，也会在心里谴责丢玻璃的人。

还有一张是在垃圾箱旁边树立的一个告示牌，上面写着：工人师傅，家中打碎了玻璃，被我们放到了垃圾箱里，您在清理的时候千万小心，不要被割伤。对给您带来的麻烦，深表歉意。

您看，同样的一件丢玻璃的事情，不同的人处理的方式就是不一样，第一种人就是没有顾及环卫工人的工作危险，导致环卫工人被割伤，这是一种不负责任的做法。但是你推敲就会发现，两种人的根本区别就在于：是否出于爱心而顾及环卫工人的危险，从而在做法上更加负责任。

所以，我们在孩子小的时候，就要引导他（她）爱护小动物，爱护一草一木，爱护家人，爱护同学。一个有爱心的孩子，无论在哪里，做什么事情，都是有温度的。而一个没有爱心的孩子，不管长得多好看，穿得多漂亮，永远都是冷冰冰的。

第五个建议，家长要为孩子树立负责任的好榜样。

我上一届的毕业生中有一个男孩儿。开家长会时，这个孩子的爸妈总是缺席；孩子上课也是经常睡觉，作业总是不交。为了方便沟通，我和孩子的爸爸加了微信好友。他的爸爸的朋友圈每天至少晒两张酒桌的照片：一张是中午的，一张是晚上的。看了他爸爸的朋友圈，我明白孩子为什么变成这个样子了。

您可能会好奇：孩子的妈妈呢？就这个问题我也曾试探性地问过孩子，孩子说妈妈喜欢打麻将，休息时间都争分夺秒地用在了牌桌上。

所以说，一个负责任的孩子后面肯定有一对负责任的家长。一个不负责任的孩子，家长在这方面肯定做得也很不到位。

家长既是孩子的守护人，也是孩子最好的老师，他们的一言一行对孩子都会产生深远的影响。像这一对家长，对待家庭没有一点儿责任感。爸爸只知道自己快活，妈妈只想着自己解脱，留下孩子一个人独自面对成长，久而久之，他对自己的成长也不会负什么责任了。

以上就是本节课的全部内容，希望对您有所帮助，我们下节课见。

第二部分

阳光性格的养成

1. 如何培养一个自信的孩子

先来共同思考一个问题：我们千辛万苦地把孩子培养成人，最终的目的是什么呢？

是让他们升官发财吗？

如果您说："是啊，我就是想让孩子能够升官发财啊！"

那我问您："升官发财又是为了什么呢？"

您可能会说："就是生活得好呗！"

是啊，我们培养孩子的最终目的就是希望他们生活得好。

那么，怎样培养孩子才能让他（她）生活得好呢？一定是金榜题名吗？

其实，即使您的孩子能够一路过关斩将，考上清华、北大这样的好大学，孩子毕业后进入世界顶尖的企业，拿着相当于普通人十倍、百倍的工资，也不能保证他（她）就能生活得好。因为决定一个人幸福指数的除了经济基础，还有健康的心理和阳光的性格。

无论是从我的观察所得，还是身边同行们的反馈结果，或者是经过严谨的心理测试评估，近几年在心理健康上出现问题的孩子呈现越来越多的趋势。所以，从这节课开始，我要和大家聊一聊怎么样培养一个阳光快乐的孩子，这样既能帮助孩子拥有一个快乐的童年，塑造一个健康的性格，也能帮助他们应对未来繁重的学业压力和激烈的社会竞争。

这节课，我们先从"自信"这个在心理建设方面最重要的说起，来聊一聊如何培养一个自信的孩子。

自信的反向就是自卑，培养孩子的自信必须要了解他（她）不自信的原因，而不自信的表现常常伴随自卑的心理。了解了是什么原因会导致孩子自卑，引导孩子走出自卑的泥潭，也就在建立自信上迈出了最关键的一步。

自卑并不是生来就有的，它是在外界环境影响下形成的对自我的否定意识。自卑的产生主要有以下几个方面：

一是父母自身有自卑的情绪，容易使孩子产生自卑心理。

二是孩子在自身的相貌、体型等方面有缺陷，在生活中受到过别人的嘲笑和讥讽，如果孩子的内心比较敏感、脆弱，他（她）就会感觉自己处处低人一等，从而形成自卑的心理。

三是攀比心理也会导致孩子自卑心理的产生。

一是父母自身有自卑的情绪，容易使孩子产生自卑心理。

自卑是后天形成的一种心理，如果爸妈在遇事时总表现出自卑的心理或言语，孩子慢慢就会认为"爸妈都不行，我就更不行了"。在这个方面，爸爸的影响要比妈妈的影响大很多。因为在孩子眼里，爸爸就是无所不能的，爸爸就是最勇敢、最厉害的。所以，一个自信、勇敢的爸爸，往往会培养出自信、乐观的孩子。这也是我们一再强调爸爸陪伴的重要性所在。

我的一个学生小强，被同学们叫作"班花"，这个班花很特别，因为他是一名男生。小强爸爸工作很忙，陪伴小强的时间很少，加上自身性格缺少自信，平时在家时也是不太和孩子沟通。所以小强从小一直由妈妈带大，而他的妈妈也是一个性格内向、不善言辞的人。小强身边的小伙伴以女孩儿居多，篮球、足球这些男孩儿的运动基本不参加。

我问过他："你怎么不打篮球呢？"他说："我怕打不好，大家不愿意和我玩。"慢慢地，他发现和男生在一起没有什么共同爱好，就和女生打成一片。同学们嘲笑他，就管他叫"班花"。这个称号给他的打击很大，为了怕别人继续取笑他，他和女同学也渐渐地疏远了，剩下自己一个人，整天也看不到他的笑容。

身为家长的您，如果有自卑的性格，建议您和孩子共同锻炼，一起成长。比如一起参加一些亲子的户外拓展活动，一起登山，一起学习音乐，一起来一次远足，这些都是培养自信很好的活动。这样你会发现，孩子快乐地长大了，对自己充满信心，您也找到了更好的自己。

二是孩子在自身的相貌、体型等方面有缺陷，在生活中受到过别人的嘲笑和讥讽，如果孩子的内心比较敏感、脆弱，他（她）就会感觉自己处处低人一等，从而形成自卑的心理。

我们认真地观察曾经接触过的有生理缺陷的人，发现一个奇怪的现象：真正在身体上有严重缺陷的人，他们曾经自卑过，但最终在心理上反而比普通人更加强大，他们基本能够重新找回自信，成为生活中的强者。我们更是经常能看到很多身残志坚的人开创了普通人都不可企及的事业。相反的是，在身体上有不太明显的缺陷的人，反而会始终对自己的不足耿耿于怀，甚至终生都不能释怀，做什么事情都是躲躲闪闪的，不那么自信。

这个现象的本质其实是对自身的定位不同导致的。真正有严重缺陷的人，经过一段煎熬的心理历程，会接受自己的缺陷，把自己定位为有缺陷的人，但这个缺陷反而会激发他（她）内心的斗志，他（她）会想："虽然我有这样的缺陷，但我如果努力的话，肯定会超过那些身体健全的人。"在这样的信念的驱使下，他们往往成就了了不起的事业。

而那种在身体或相貌上只有一点儿小缺憾的人会把自己定位为正常人。但是，他（她）会这样想："我只是和你们差一点点，差一点点我就和你们一样啊！为什么老天爷对我这么不公平？"在以后的日子里，他（她）都会把大部分精力放在这个一点点的缺憾上面，耽误了个人的成长不说，性格也容易变得孤僻、自卑。

我们家长尤其要注意孩子在这方面的想法，有些问题在我们大人看来根本就不是什么问题，但是孩子很可能对它特别在意。比如有些孩子体型偏胖一点儿，牙齿不那么整齐，走路内八字，单眼皮、小眼睛。您说这是问题吗，它根本就不是大问题嘛！但是，只要孩子在意，它就是大问题。

怎么办呢？第一，在客观上帮助孩子，比如帮助孩子矫正牙齿；第二，像内八字这样改变不了的事实，你就得巧妙地让孩子面对，提前做好心理疏导。让他接受不完美的自己，别把注意力放在这个小小的不足上面。

我的一个朋友家的孩子下巴上长了一颗黑痣，她问妈妈："为什么别的小朋友没有？"她的妈妈说："老天爷造了很多个孩子，数都数不清，这里面有几个他最喜欢的孩子，总想着给他们一些好的运气，但是担心找不到他们，就在每个孩子的身上做了一个记号。你就是老天爷最喜欢的孩子，这颗痣就是老天爷给你做的记号，它会给你带来最好的运气的。"

你看，这是多么有智慧的妈妈啊！

如果你认真地观察一下，就会发现很多优秀的人，在身体或者相貌上都不是让人十分满意。但是，他们也都做出了常人不可企及的事业！

三是攀比心理也会导致孩子自卑心理的产生。

实事求是地说，人和人生来就是有差距的，大人们经过生活的磨砺，慢慢会接受这个现实，能够调整好心态，去追求自己的幸福生活。但是，没有太多生活历练和思考的孩子不是很容易接受这个现实。

如果家长没有提前做好价值观的引导，没有让他们感受到家庭的幸福，没有让他们看到除了财富以外还有很多更值得追求的事情，就很容易导致孩子产生自卑心理。

我们家长要做的就是"别让贫穷限制了孩子的想象"。世界那么大，美好的事物有很多，对于一个有理想又充满自信的人来讲，未来，一切皆有可能！

造成心理上自卑的因素还有很多，比如父母特别强势，对孩子经常批评，老师经常对孩子挖苦，等等。家长们在教育孩子的过程中一定要建立一个顺畅的沟通渠道，这样就能够时常了解他们的心理感受，做到及时引导。

在做好了这方面的有效引导以后，孩子在自信的建立方面基本就没有太大的障碍了，我们再做好以下两点，就很容易培养出一个自信的孩子。

一是帮助孩子获得成功的体验。对于我家孩子的学习，我指导得比较少，但是当他要参加班级的展示活动时，我就会格外地上心。

孩子三年级时，一次要在班级的元旦联欢会上演奏吉他，那时他刚刚学习了十几节课，其实还没有达到上台表演的水平，但是他的表演愿望很强烈，特别想在同学面前一展身手。演出前几天，我就陪他认真地练习。功夫不负有心人，孩子的表演很成功，还得到了音乐老师的表扬。后来班级的每次活动，孩子都会背着个大吉他上场，从来都不怯场。

类似的活动，家长可以多带着孩子参加，注意扬长避短。喜欢运动的就让他在运动场上找到自信，喜欢画画的就协调老师帮助他办一个小的个人画展，喜欢唱歌的就多提供一些表现的机会，孩子出众的个人形象和自信、阳光的性格就在这一次次的"特殊"表现中培养起来了。

二是爸妈要提高孩子的环境适应能力。环境适应能力对人的发展很重要，它甚至被认为是智力的实质和核心。环境适应能力差往往都是父母的过度保护造成的。

如果您想毁掉一个孩子，在他成长的过程中，您就尽量地把一切都为孩子准备好，让他（她）衣来伸手，饭来张口，除了学习，您什么都不让他做。您肯定会说："我怎么会想毁掉我的孩子呢？"那您就要重新审视一下了：孩子会洗袜子吗？会帮您收拾房间吗？是不是什么事情都需要您来做决定？

在这一点上您可以适当"散养"，这个"散养"不是家长啥都不管，而是让他（她）自己管自己，我们在必要的时候提供一些方法或在孩子力不能及时给予帮助。这样培养出来的孩子抗挫折的能力和适应环境的能力都会很强，对自己的能力充满自信。

以上就是这节课的全部内容，希望对您有所帮助，我们下节课见！

2. 如何培养一个勇敢的孩子

今天的社会最大的特点就是发展太快了，在这个技术快速更新、认知迅速迭代的背景下，我们培养孩子就要把目光放长远，把更多的精力放在任何社会时期都需要的、优秀的品质培养上面。比如"勇敢"，在任何时期都是非常重要的，尤其是现在，一个孩子如果很勇敢、很坚强，他（她）就具备了面向未来的基本心理素质。

这节课我们来聊一聊如何培养一个勇敢的孩子。

什么是勇敢？勇敢就是人们面对危险和困难时表现出来的一种无所畏惧的行为品质，在面对未知的环境或境遇时表现出来的淡定和信心。一个勇敢的孩子会勇于面对生活中的困难、危险和逆境。

一些小孩子从小怕高，不敢登山；怕黑，晚上不敢出门；怕一个人独处，不敢一个人待在家里；怕小动物，一见到小猫小狗，就吓得惊慌失措；怕在人前表现，一有集体活动就待在角落里。这些表现都是孩子的恐惧心理在作怪，是孩子正常的心理表现。几乎每个孩子都有恐惧心理。

德国哲学家康德说过："恐惧和懦弱是对危险的自然厌恶，他是人类生活中不可避免和无法放弃的组成部分。"

恐惧心理是严重影响孩子成长的，随着年龄的增长，孩子会对更多的想象中的有伤害性的事物感到恐惧，我们必须在发现孩子对某件事物产生恐惧心理时，及时、正确地加以引导，帮助他们减少恐惧心理，变得勇敢。

要想帮助孩子克服恐惧心理，我们就得了解恐惧心理是怎样产生的。造成恐惧心理的原因主要有三个方面：

一、孩子的知识和对世界的认识有限，对未知事物的情况不够了解。

二、我们后天对孩子的恐吓造成了心理的恐惧。

三、不良环境的刺激。

第一是孩子的知识和对世界的认识有限，对未知事物的情况不够了解。自己朝着危险的方向加以想象，就是我们常说的"自己吓自己"。

比如一些孩子对黑暗有很大的恐惧心理，他们不清楚白天和黑夜是由于地球自转形成的自然规律，白天和黑夜在本质上的区别主要就是有没有太阳光的照射，然后就想象在夜晚可能会有可怕的动物或者妖魔鬼怪出没，最后害怕起来。怕黑这个心理，是很多孩子都有的，有的孩子已经很大了，还是怕黑。

所以，在孩子小的时候，家长有必要给孩子上这一节关于白天和黑夜的科普课，用知识去引导他们对黑夜的理解和想象，从而消除他们怕黑的恐惧心理。

小孩子怕黑，稍大些的孩子则怕考试。

每年的高考中都会有超常发挥的和失常发挥的，我的一个学生小瑞对于高考就有很大的恐惧心理。小瑞在高考前的两次模拟考试中成绩很不理想，我便找到他，和他聊天，帮助他分析考试失常的原因。

小瑞告诉我说："老师，我怕高考考不好，辜负了老师和爸妈的期望，我总在想，高考考不好我就完蛋了。我越是担心，就越紧张，上次考数学的时候我紧张得大脑一片空白，根本就没有办法答题。您能帮我调节一下吗？"

我问他："你认为高考考好了就等于成功了吗？是不是考上好大学以后的一切都会特别顺利，不需要你再努力了呢？"

他说："不是。"

我又说："那高考如果考不好是不是就是你的人生以后再也没有机会了呢？"

他说："也不是。"

我接着说："是啊，其实你也都懂，人生其实就是一次长跑，中途一个阶段跑快了，不见得就胜利了，中途你跌倒了几次，也不见得就失败了。高考也只不过就是一个阶段性的考试，我们将来事业的成功和家庭的幸福还是需要不断地努力和付出的。高考考好了对你人生的帮助很大，但它并不是能起决定性作用的，你要是能认识到这一点，对自己的未来充满信心，就不应该太看重它，当你看轻它的时候，高考就不会给你平添心理负担。这样你在考场上就能轻装上阵，把最好的实力发挥出来。"

后来，我又和小瑞聊了几次，从高考的成绩来看，我发现他已经能够勇敢地面对高考了。那一年，他超常发挥，多考了20多分，总成绩687分，被上海交大录取。这是一个通过正确认知克服恐惧的典型案例，我很高兴，为他取得好成绩而喜悦，也为他变得勇敢、坚强而欣喜。我相信他在以后的升学或者工作、生活中都能够直面挑战，把最好的自己表现出来。

第二个造成恐惧心理的原因是我们后天对孩子的恐吓。

如果统计一下，在孩子很闹而家长又无计可施的时候，很多家长都会用老虎、妖怪甚至警察或坏人来恐吓孩子：当孩子哭闹不止的时候，家长可能会说"别哭了，再哭老虎就来把你吃掉"；当孩子在游乐场贪玩不回家时，家长可能会说"咱们得快点儿回家了，晚了就会被妖怪抓走了"。每次这样吓孩子，都特别"好使"，孩子都会很乖，很听话。但是你知道吗，你已经把恐惧的阴影埋在了孩子的心里。而且这个阴影慢慢地会成为孩子恐惧的烙印，甚至终生都无法消除。

每年高考前，考生们都会例行体检，体检项目包括传染性疾病检查，需要抽几毫升的静脉血。作为班主任的我会全程陪在学生们身边，以便应对一些突发的情况。好几届学生的体检基本都是非常顺利的，只有一年，我这个班主任真的在应对突发情况时派上了用场：为了方便学生，我们体检的场所在学校的体育馆一楼。在同学们排队等待抽血的时候，整个场馆的人都被一阵刺耳的哭声惊到了，我也不例外，根本不知道是怎么回事。循声找去，好像是排在队尾的一个女同学正异常惊恐地哭喊着。等我跑过去才看清楚，哭喊着的是我的学生，虽然离抽血还隔着几十名同学，但是她已经被吓得脸色惨白，眼神里充满了恐惧。后来，多个老师帮我安慰、开导她，她才终于完成了抽血流程。

我原以为孩子就是"晕针"，后来孩子来感谢我，我顺便问起她为什么会对抽血有如此大的反应。她告诉我说："这都是被我妈给吓的，我小时候总闹人，我妈说小孩儿不听话就会被坏人打针，然后药水里有很多可怕的小虫子，你越哭，它们长得越大。现在我知道我妈是吓我，但我一扎针，就特别害怕有虫子在我身体里长大，怕得不行。"

真是一个"坑娃"的妈妈，这位妈妈甚至让我立马想起了女巫的形象。小的时候看动画片，女巫都是长得很丑，又很坏，专门骗小孩子的。如果你也有恐吓孩子的习惯，从今天开始，为了孩子的心理健康，改掉吧！

第三个造成恐惧心理的原因是不良环境的刺激。

有的人被猫吓过，就很怕猫，害怕一切长毛的动物；有的人被蛇吓过，就很怕蛇，害怕一切条状的动物；有的人在晚上捉迷藏，被突然出现的小伙伴吓过，一到晚上就担心在黑暗的角落里会藏着一个人。不明白的家长在孩子害怕时会说："有什么可怕的，胆小鬼。"这不但不能帮助孩子克服恐惧，反而给孩子贴上了胆小鬼的标签，以前他（她）可能只是怕黑，以后慢慢地怕的东西会越来越多，真的成了胆小鬼。所以在任何时候，千万不要叫孩子"胆小鬼"。

这种由于环境刺激而产生的恐惧是心理上的一种"过敏"反应，改善的方法就是再通过环境的轻微刺激让他（她）"脱敏"。比如有人曾经用接触小白兔的方法成功地让"恐猫症"的人不再怕猫，这在心理学上叫作"系统脱敏法"。

如果消除了孩子的恐惧心理，我们在培养孩子勇敢的精神方面就有了一个坚实的基础，接下来就是锻炼他们在行为上的勇敢。怕高的孩子您可以带他（她）去爬山，怕水的孩子您可以带他（她）学游泳，怕在人前表达的孩子您可以带他（她）练习演讲。这些具体的锻炼活动都可以对培养孩子的勇敢精神有帮助。但是，这些还不够，它们还不是真正的勇敢。

勇敢分为两个层次。第一个层次是外在的勇敢，也就是行为上的勇敢，您说那些玩极限运动的人都是勇敢的人吗？说他们是，因为他们敢去尝试一般人不敢去尝试的运动，说他们不一定是，因为勇敢还有第二个层次。这第二个层次便是内在的勇敢，这两个层次不是孤立的，外在的勇敢常常受到内在的勇敢的推动，对于进一步培养内在的勇敢起到基础性的作用，但真正的勇敢并不仅仅是敢于徒手爬上十几层的高楼这类行为所能代表的。

真正的勇敢是人们通过理性的分析，仍然需要面对已知或未知的恐惧时，依靠强大信念去克服困难、直面人生的自信。我们培养孩子勇敢精神的最终目的，就是让他们直面生活中的种种困难，选择迎难而上，走出不一样的人生。

具体来讲，什么才是内在的勇敢呢？我的理解是：

一名医生，明明知道手术失败后可能给自己的名誉或事业带来很大的负面影响，但为了救死扶伤，他（她）还是选择站在手术台上为患者治病，这就是一种勇敢。

一个爸爸，经济上捉襟见肘，入不敷出，为了孩子的学费，放下面子，敲开亲戚家的门去借钱，这就是一种勇敢。

一个创业者，本已功成名就，为了不在舒适区虚度余生，又走上了新的创业之路，面对种种艰难与未知，去创造更多的可能，这就是一种勇敢。

我们生活中有太多这样勇敢的人，他们的精神都是巨大的财富，你要是问我怎么培养这样的勇敢，我就一句话："让孩子认识这样的勇敢，并向真正勇敢的人学习。"

以上就是这节课的全部内容，希望对您有所帮助，我们下节课见！

3. 如何培养一个快乐的孩子

这节课和大家聊一聊如何培养一个快乐的孩子。

我们很多家长对孩子的学习成绩和特长培养特别地用心，但是往往会忽视孩子是不是真的感觉很快乐。近几年，我在和这些"00后"的学生接触时发现一个很严重的问题：很多孩子都缺乏对生活的热爱，没有快乐的感觉。这里面有学习特别好的，也有家庭条件特别好的，生活给予了他们很多的东西，但是忘记了给他们一颗快乐的心。

高三时我在班级和学生们一起上自习，在检查学生作业的时候，一个女同学迅速地把挽起的袖口放了下来，但还是被我发现了一个特别的情况：这个孩子的小臂被刀子割得千疮百孔。因为平时这个孩子就有抑郁的表现，看黑板都是斜视的眼神，所以，我的第一感觉就是这是孩子"自残"的结果。我先是装作没看见，然后找了个合适的机会私下和孩子了解情况。果然不出我所料，孩子说她感觉生活无聊、没意思，就用小刀一道一道地割自己。

除了自残的，我还遇到过离家出走的孩子（在同学家一住半个月就是不回家的孩子），周六周日从来不出屋的孩子，深陷手机游戏不能自拔的孩子，除了学习什么活动也不参加的孩子，等等。

太多太多的或者抑郁、或者孤独、或者麻痹自己的孩子，时光如果能够倒退十年回到他们六七岁时的话，我相信他们肯定不是这个样子的。那么，在孩子从六七岁长到十六七岁的这十年中，到底是什么原因让他们变成这个样子呢？若是能找到让孩子变得不快乐的根本原因，我们再有意去规避它，那一定能够培养出一个快乐的孩子。

导致孩子不快乐的原因主要有以下三点：

一、缺少爸妈的陪伴。

二、缺少伙伴。

三、抑郁。

第一个原因，缺少爸妈的陪伴。

再回到刚刚那个用小刀伤害自己的孩子。

我在和她的交流中了解到，她的爸妈是做餐饮的，白手起家，经过多年的打拼，开了十几家店，可以说事业上很成功。但付出的代价就是很少有时间陪孩子，从小到大她都是自己照顾自己，自理能力倒是很强，就是缺少陪伴，性格慢慢变得孤僻，思想容易走极端。我后来和她的爸妈沟通过这事，希望他们能抽时间多陪陪孩子，但是苦于分身乏术，她的爸妈还是选择了事业。有一天夜里12点，她的妈妈给我打电话，说孩子在楼下等他们回家，一直等到半夜，因为爸妈回来太晚，孩子发脾气，就是不上楼。那可是东北的腊月啊，孩子就在零下30多摄氏度的室外站了半宿。好在孩子和我的沟通一直很好，在我的劝说下终于回家了。

挂了电话我很长时间也睡不着觉。我就想：这孩子的心里是多么不开心才能这么折磨自己啊，她爸妈的事业再成功又有什么用呢？挣那么多钱都是为啥啊？

这个孩子在零下 30 多摄氏度的冷风中站了半宿，她不冷吗？冷。但更冷的是孩子的心啊！她就是想用这种折磨自己的方式引起爸妈对她的关注，让他们多陪陪自己，好让自己的心暖起来。

所以你看，孩子不快乐的第一个主要原因就是缺少爸妈的陪伴啊！

孩子小的时候，我们大人要尽量平衡好家庭和事业的关系，事业再重要，也是为了幸福的家庭啊！当家庭和事业发生冲突的时候，您真的应该冷静地做好取舍。因为不只是我们的光阴一去不复返，陪伴孩子的时光也是不能倒流的。

等到你万事俱备、有时间陪伴他们的时候，孩子已经过了依赖父母的年龄，性格早已经形成了，到那个时候就追悔莫及了。

第二个原因，缺少伙伴。

现在的城市建设得越来越好了，交通也越来越便利，我们现在生活的空间看似大了很多，其实小得可怜，小到孩子放学回家后在小区里根本碰不到几个熟悉的同学或伙伴。

小刚的家在长春的一个封闭小区，在长春市最好的小学就读。每天放学后同学们被爸妈开车接回家或是上补习班，都散落在长春市的各个角落。小刚想找一个在一起玩的伙伴真是太难了。所以每天完成作业后他就待在家里，时间久了慢慢变得出奇地安静，没有小孩子经常表现出来的兴奋，总也看不到孩子应该有的快乐。

小刚的爸爸向我请教说："这孩子一点儿不活泼，整天都是无精打采的，您说我该怎么办呢？"

我了解情况后，给他出了一个主意："我说你最好给孩子换个临近运动场的居住环境，最好是有小朋友们总去玩的运动场。这样孩子就能通过运动结交到一些小朋友，性格就会变得开朗。"

小刚爸爸按我的指点，正好找到儿子小学对面的一个普通大学，这里虽然环境一般，但是有开放的篮球场，一些孩子放学后会来这里玩一会儿。

　一年后，我再看到小刚的时候，发现他变黑了，也结实了，脸上开始浮现出孩子特有的那种顽皮而快乐的笑容。小刚爸爸特别感谢我给他出的主意。

　像小刚这样的孩子真的是太多了，他们不缺少爸妈的陪伴，但是缺少一起玩的小伙伴，这样的孩子时间久了就失去了与人交往的愿望和能力，再严重一些慢慢地很可能自闭，快乐也就离他们越来越远了。

　所以说，孩子不快乐的第二个主要原因就是缺少伙伴。

　作为家长要珍惜孩子和小伙伴一起玩的机会，尤其是家里面只有一个孩子的，更是要创造条件和机会让他们和同龄的伙伴一起跑闹、一起游戏。这能让他们彼此之间学会分享、包容和礼貌，对孩子的交往能力有特别好的锻炼。如果你细心的话，就会发现，孩子们在一起玩的时候，笑声特别地响亮，一起玩多长时间也都不嫌累。所以，以后当您的孩子和其他小朋友玩起来不愿意离开的时候，如果不耽误太大的事儿，您就让孩子玩个够吧。因为，这种快乐的感觉，对他的心理发展是非常有好处的。

　第三个导致孩子不快乐的原因听起来很吓人，但是它确实就是当下一部分孩子的现状，我们回避不了，那就把它拿出来细致地分析一下，好做到防患于未然。它，就是抑郁。

　抑郁是一种消极的情绪，并不像快乐情绪那样容易外显。孩子的抑郁情绪通常都是因为对周围的事物不满，或是感觉学习和人际关系的压力特别大，但是又不能和家人、朋友或老师倾诉，长期地被自己压制在心里而积聚的负面心理情绪。它可能是短期的，也可能是长期的，情况好些的只是有抑郁的倾向，严重的就是抑郁症，更严重的会时常有"自杀"的念头。

　孩子抑郁情绪产生的原因是多方面的，有孩子自身性格方面的，也有外部环境方面的。当您发现孩子在家里比以往都安静，无论做什么事都说没意思，提不起来兴致，和你说话时又若有所思的样子的时候，您就要注意了，这可能就是轻度的抑郁，这时候就需要家长帮助调节了。这时如果能好好地发泄一下，转移孩子的注意力，再配合一些情感上的关怀，就很容易帮助他们走出阴霾。如果发现不及时，当孩子真的严重抑郁后，恢复的周期就需要很长的时间，其间还不能承受太大的压力，如果正好赶上中考、高考这样重要的时间节点，会很影响学业的。

所以，接下来我们谈一谈如何减少抑郁情绪的产生。

第一，从小培养孩子的爱好，特别是文艺、体育方面的爱好。我们大人都有体会，当工作压得你喘不过气的时候，打一场篮球，出一身汗，回来就会轻松很多，要是能每天都打一场，无论工作有多大的压力，都会被排解的。但你要是什么都不会呢，就只能一个人琢磨事情，越琢磨就越郁闷。

我家孩子现在上小学四年级了，一门文化课的补习都没上，课外的精力全部用来学习篮球、乒乓球和吉他。我只是对他的学习习惯和作业的认真程度有较高的要求，孩子每次考试的成绩反而都不错，比那些很少活动、总上课外班的孩子还好很多。我希望孩子能通过休息娱乐感受生活的快乐，压力大时也能有个释放压力的渠道。因为我接触到的不快乐的学生实在是太多了，他们的成绩都是顶尖的，但是又有什么用呢？我们对孩子的期望首先应该是健康、快乐，其他的都要排在后面。

第二个减少抑郁情绪的方法就是增强个人的调适能力。

近些年，科技快速更新迭代，生活水平不断提高，我们在享受社会快速发展所带来的红利时，也为它的快速发展付出了巨大的代价。这个代价就是各行各业的人都感受到巨大的生活压力，有的甚至是生存的压力。这个压力现在已经直接传导到了孩子的身上。

有人可能会说，我家的孩子我就不给他压力，能学啥样就学啥样，怎么也能有一碗饭吃。

这个问题是仁者见仁，智者见智。我认为合理的做法是，在初一以前，以孩子的快乐感受为主，因为这是培养孩子阳光性格的关键时期，但是在初二以后，孩子就要渐渐地承担起自己的责任，因为社会的现实就摆在那里，今天你能躲过去，明天可能就必须要面对它。哪一个凭借自己的努力成功的人是一帆风顺的？没有啊！

所以，孩子从小若能具备一些抗压的能力，就会为以后所面临的压力做好准备。而主动地去调适自己的心理，积极地直面压力和挫折，就不会在心里产生不满的情绪，没有负面的情绪积压，人也就不会抑郁。

我在心理调适上有两个比较有效的经验：

一个是要让孩子学会用辩证的眼光或思想去看待问题，不管多坏的事也总有它好的一面。

另一个是学会用时空观去分析问题，今天的不好可能就是明天的好，此处的不好，换个位置，可能就变得很好了。

这样，我们可以帮助孩子积极主动地去调适心理，同时培养孩子辩证的思想和着眼未来的格局。

以上就是这节课的全部内容，希望对您有所帮助，我们下节课见！

第三部分 综合能力的培养

1. 如何培养孩子的创造力

我在前面的课程中说过，要拿出一节课的时间单独和大家聊一聊"创造力"这个话题。科技发展到今天，有人称之为工业 4.0 时代，社会的各个领域逐渐出现了人工智能的痕迹，比如无人驾驶、大数据分析、全自动的生产线等，这些都迫使我们必须思考一个严肃的问题——什么工作才能不被人工智能所取代？答案只有一个，那就是对创造力要求较高的工作，比如艺术作品的创作、新技术的开发、新产品的设计，等等。

所以，无论从个人的角度还是从全社会的角度，培养创造力是目前乃至今后相当长的一段时间内最急需的教育任务。我们这节课就来着重聊一聊，如何培养孩子的创造力。

创造力的培养是一件技巧性很强的事情，要想培养出具有创造力的孩子，我们需要从以下几个方面入手：

一、培养孩子的创造力，要营造良好的氛围。这个氛围包括社会氛围、学校氛围和家庭氛围。

二、培养孩子的创造力，要注意保护他们的好奇心。

三、培养孩子的创造力，要锻炼他们的观察力和想象力。

四、培养孩子的创造力，要有意识地给孩子进行创造性思维的训练。

五、给孩子留足时间，让他们发掘自己的创造力。

第一，培养孩子的创造力，要营造良好的氛围。这个氛围包括社会氛围、学校氛围和家庭氛围。

写这部分内容时，西湖大学刚好迎来了第一届120人的博士研究生；在这之前，一些企业家投入巨资邀请全世界顶尖的科技人才组建了以创新为使命的科技产品研发团队；国家也出台了一些奖励创新人才的政策，包括鼓励高中生的发明创造。这些都说明全社会在营造培养创新、创造的条件和氛围。

目前很多条件较好的高中也在建设STEAM实验室，开设STEAM课程，为培养学生的创造力下了很大的力气。但是由于升学的压力，学生的精力有限，这些措施究竟能起到多大的作用，还有待时间的检验。

我们家长能做的，就是营造良好的培养创造力的家庭氛围。

首先，我们可以多和孩子讨论身边的科技应用。比如指纹锁的原理、医院的自助挂号和检查结果打印系统以及智能家居系统的建设等，这些都会激发孩子的浓厚兴趣，帮助他们开拓创造力的思维。

其次，我们要聆听他们的内心想法。孩子常常会提出一些古怪的问题，不管是合理的还是不合理的，我们都要认真地倾听，同时给出合理的解答或一些研究思路，让孩子少走弯路，更重要的是让他们感受到新奇的想法是有价值的。

最后，我们要鼓励孩子多问"为什么"。孩子总问"为什么"，是一种思考力很强的重要表现，而思考力是培养创造力的核心素质，不夸张地说，孩子的"为什么"是无价的，一些家长在没有耐心的时候会说孩子"你怎么那么多的为什么，不好好学习，一天总想那些没用的"。这就严重地打击了孩子探索的积极性。

创造力的培养不能只依靠学校和社会，最重要的还是我们家长要在这方面多下功夫。

第二，培养孩子的创造力，要注意保护他们的好奇心。

好奇，是孩子认识世界的第一步，也是创造性的起点。怀有好奇心，孩子才能去探索、去发现、去创造。好奇心强的孩子往往都是特别淘气的，有的时候他们的行为还具有一定的破坏性。

我在物理课堂上讲授《自感现象》这节课的时候，实验室的器材损坏了，所以只能暂时给学生口头介绍了一个名叫"千人震"的实验。实验的器材是两节干电池，一个多匝线圈，单刀开关和长导线。正常情况下两节干电池串联的电压是 3 伏特，而人体的安全电压是 36 伏特，即使我们用手同时按住电池的正负极，也不会有触电的感觉。

但是如果按照我课堂介绍的电路图，加入自感线圈后，当开关断开的瞬间，自感线圈会产生一个较大的自感电动势，你也可以理解为电压。人如果手握导线两端组成回路就会有触电的感觉，但如果控制线圈的匝数不大，一般人就只会有触电的感觉，而不会受到伤害。

我的一个名叫小南的同学，下课又问了我一些实验的细节问题，我告诉他线圈的匝数要试着逐渐增大，以免发生危险。后来他去实验室找老师，在说明用途后借来了线圈，回家后把他的爸爸作为实验对象，成功地只用两节干电池就让他的爸爸触电了。后来被他电到的还有他的妈妈、老师和同学。我们全班的同学手牵手串联到电路中，当开关断开时每个人都同时触电，一起尖叫的场面十分震撼，这就是"千人震"名字的由来。

每个被他电到的人都感觉特别神奇：普通的两节干电池怎么就

能让人触电呢？同时大家都对他的动手能力赞不绝口。后来他成了我物理教学中的得力助手，他学习物理的兴趣变得更加浓厚。

我们来看这个案例的整个过程。首先，我没有阻挡小南去做这个"危险"的实验，因为我知道这个危险是可控的。其次，实验室的老师对小南是大力支持，然后每一个被他电到的人也都乐于配合他。其实这在本质上既满足了他的好奇心，也满足了每一个被触电的人的好奇心。这个好奇心很强的孩子后来考上了北京航空航天大学，学的是机械设计专业。

第三，培养孩子的创造力，要锻炼他们的观察力、想象力。

观察力和想象力，就像孩子创造力的一双隐形的翅膀。有了这双翅膀，孩子就可以振翅高飞。

孩子经常会提一些童话色彩很浓的问题，一些会教育孩子的家长都会顺着孩子的思路加以肯定，而不是说"赶紧学习去，一天到晚就想那些没用的"。

我们都知道爱因斯坦是物理学史上的一位伟大的科学家，他的伟大成就之一就是相对论。在他十几岁的时候，就幻想如果有一天能够乘着光线去旅行。正是这个不切实际的想象一直驱动着他对光的本质不断思考，最终发现接近光速的物体在空间上的缩短和在时间上的变慢，并在理论上证实了时空穿越的可能性。就像《大话西游》中的月光宝盒，它的学名叫"虫洞"，也叫"爱因斯坦－罗森桥"。科幻电影《星际穿越》中的情节也是基于这样的理论展现出来的，它们都是源于爱因斯坦在儿时的一个想象啊！

另外，多让孩子读书，改编一些电影或故事的结尾，也是培养他们观察力和想象力的好办法。

第四，培养孩子的创造力，要有意识地给孩子进行创造性思维的训练。

创造思维产生的关键，是要打破通常的逻辑思路，建立非逻辑通道。下面，我通过几个事例来具体说明发散性思维和逆向思维的作用及训练方法。

到目前为止，我接触的所有产品中，将发散性思维应用得最好的就是社交软件。你看，它本身最主要的功能其实就是通信，但它根本就不是一个"本分"的通信工具，光是附带的金融功能就有转账、收付款、充话费、买车票等，还有很多办公功能、娱乐功能。一个社交软件，既可以便利你的生活，又可以方便你的办公，所有的这些，从思维的角度，都要归功于它的主创者的发散性思维。有了主创者的发散性思维，它就变得兼容并包。发散性思维也暗合了老子"一生二，二生三，三生万物"的道家思想。

发散性思维的本质就是不依常规而寻求变异，对给出的信息、材料进行多方向、多角度的思考，不局限于既定的理解，从而提出新问题并探索出多种结果的思维方式。孩子在生活和学习中可以通过一物多用、一事多议、一题多解的方式方法来进行发散性思维的训练。

我们学校每年十月都会举行学生科技节。去年的集体项目是"高空抛蛋"，要求学生用最轻的辅助材料将一枚鸡蛋保护住，从五楼的教室扔下，若能保证鸡蛋不碎、使用材料最轻又最有创意就会脱颖而出。学生们脑洞大开：一组学生信心满满，他们用木棍做成正四面体，将鸡蛋用绳子拴在中间，结果鸡蛋落地，惨不忍睹，蛋黄都溅到我们评委老师的身上了；还有一组学生把卫生纸装进矿泉水瓶做缓冲，将鸡蛋放在瓶子中间，结果瓶子横着着地，鸡蛋也碎在了瓶子里；设计最多的是用快递的包裹将鸡蛋保护起来，结果多数实验都获得成功，只是缺乏了一些创意；最有创意的是这样一组，他们使用几个大容积的方便面袋做了一个降落伞，将鸡蛋用泡沫包住挂在下面，几百人看着降落伞缓慢地下降、安稳地着陆，鸡蛋完好无损，大家对实验者报以最热烈的掌声。

这个活动就是对发散性思维很好的训练。我在现场时，周围还有很多没有参赛的同学都跟我积极地讨论他们的设计方案，其中不乏新颖的创意。你看，一个活动能够同时让几千人围观，又都同时打开他们的脑洞，我说这个活动本身就是很具有发散性思维的创造性设计。

心理学研究表明：每一个思维过程都有一个与之相反的思维过程，在这个互逆过程中存在正向与逆向的思维联结。所谓逆向思维就是指和正向思维方向相反而又相互联系的思维过程。

刚才我举了一个社交软件的例子来说明发散思维的重要作用，我们再来看看同样是 IT 领域的安全问题。

杀毒软件已然是大多数人网络安全的守护者，它的主要业务就是保证网络安全，说白了就是跟黑客对着干。对于已知的漏洞当然是直接进行针对性的修补，但网络安全还要讲究防患于未然，作为一个搞网络安全的技术人员要思考：怎么才能对尚未发现的漏洞提前做出防护呢？他一定是假想黑客会怎样发动网络攻击，然后就逆着这个思路先把这个漏洞堵上。这是一种很典型的逆向思维的应用。

您看，如果说社交软件是把发散思维应用到极致的，那杀毒软件就是把逆向思维应用得炉火纯青啊！

我们在训练孩子逆向思维的时候，可以多给他们讲一些这样的故事。比如对于年龄稍小的孩子，您给他分析"司马光砸缸"故事里面的逆向思维：一般人救落水者都是救人离水，可是司马光偏偏逆着来，他把水缸砸破了，让水流出来，离开人。这是一个多么好的逆向思维的案例啊！对于高年级的孩子，这样的故事也有很多，比如奥斯特发现通电导线周围会产生磁场后，人们就逆着他的思维去猜想：那磁场能不能也产生电场呢？于是后来就总结出了法拉第电磁感应定律，您可能把高中学的物理知识都还给老师了，这么说您可能糊涂，但它在生活中的应用您应该不陌生，就是电动机和发电机，一个是消耗电能转化为机械能，另一个是把其他形式的能转化为电能。这个事例在物理学发展史上是一个很经典的应用逆向思维发现新规律的案例。

除了讲故事，您还可以和孩子做反口令的游戏：当您说抬起左脚的时候，孩子要抬起右脚，当您说蹲下的时候，孩子就站起来，也可以您和孩子互换角色，让孩子发号施令，这是一个训练逆向思维的很好的游戏。

第五，请您一定记住，没有空余时间的孩子，是没有创造力的。这一点不是方法，是我的经验和告诫。如果您每个周末都把孩子的课外辅导安排得满满的，您就不要奢求孩子有创造力了。因为没有时间观察和思考的人怎么会有创造力呢？遗憾的是，我们大多数孩子的周末，不是在辅导班上课，就是在去辅导班上课的路上。

以上就是本节课的全部内容，希望对您有所帮助，我们下节课见！

2. 如何培养孩子的交往能力

我曾经有一个朋友，他是顶尖高校的博士生，毕业后工作业绩很好，就是不大与人交往，行事总是独来独往。突然有一天，我们听到一个特别令人震惊的消息，说他出家了。然后大概走了一年多，他又回来了，除了头发短了，其他的也还和以前一样。

我们这些朋友就好奇啊，有人就问他："你这一出一进是为什么啊？"

他回答说："我就是感觉在工作单位特别难受，因为自己不大喜欢和别人交往，就想找个清静的地方，没有世俗的纷扰，也不需要和这么多人打交道，就出家了。可是等我真的出家才发现，真正需要改变的是我自己，而不是环境。"

您看我的这位朋友，那么高的学历，工作能力也还可以，就是因为不善交往，给他带来了这样的烦恼。其实像这样不善交往的人岂止是少数啊，更有甚者还会有社交恐惧症。

近些年选择隐居的人特别多。为什么这么多人选择隐居呢？有的人可能是在精神的层面上有更高的追求，还有相当一部分人是为了逃避现实啊！可是人本身的属性就包括社交属性。属性是什么，就是天然自带的性质啊，您甩不掉也逃不掉，只要您是一个人，就绝对避免不了与其他的人接触，暂时隔绝或许能做到，但什么事都靠自己恐怕很难做到。

从生活的角度来说，良好的人际关系可以提升一个人的生存质量。从事业的角度来说，交往能力简直就是一个人必备的基本能力啊。

哈佛大学的就业指导小组曾经做过这样一个调查，调查对象是几千名被解雇的雇员。结果发现，由于人际关系不好被解雇的，要比因为工作不称职被解雇的高出两倍多。

您看，不善交往会给一个人的生活、工作带来多么大的困扰啊！

然而，我们身边很多孩子都是不善交往、不会交往，甚至害怕交往的。

所以，培养孩子的交往能力确实特别值得我们家长重视。今天，我们就来聊一聊，如何培养孩子的交往能力。

一个孩子愿意主动和别人交往的主要原因就是他会在和其他的孩子交往时，得到快乐的感受：我和你在一起玩很开心，我就会主动地靠近你。而不是我们成年人在一定程度上是本着满足需求的目的去交往的。

成人交往的目的比较功利化，孩子交往的目的更加情绪化。我们大人在指导孩子和其他的小朋友交往时，千万要明白这个本质的区别。

所以，培养孩子的交往能力，家长应该把重点放在让孩子成为受欢迎的人，而不是放在交往的技巧上面。因为如果一个孩子能够得到多数同学或伙伴的欢迎，大家都很喜欢他（她），愿意和他玩（她），他（她）就会感觉到快乐和轻松。相反，一个孩子如果不是很受欢迎，在交往中就会处处碰壁，甚至遭到同学的冷落和孤立，时间长了，他（她）就不再喜欢和别人交往。

如果您能让您的孩子成为很受欢迎的人，那么，交往对于他（她）来讲就是水到渠成的事，根本不需要刻意去培养。

下面，我在培养一个受欢迎的孩子方面，给您提供五个有效的方法：

一、要培养孩子乐于助人的品质。

二、让孩子懂得尊重别人特别重要。

三、宽容大气的孩子才受欢迎。

四、懂得分享的孩子更受欢迎。

五、培养孩子的幽默感。

我们先来聊一聊培养孩子乐于助人的品质。

我以前有一个帮助我管理班级的体育委员，说是体育委员，其实班级里的脏活儿、累活儿都是他带领同学们一起干的，像大型的卫生清扫、班级的考场布置，等等。他并不是一个特别外向的孩子，你也不是总能看到他和其他的同学打成一片，但是我们学期末每次优秀干部、优秀学生的评选，他的票数都是最多的，而且是遥遥领先那种。后来我也特别注意这个现象，就有意地观察他，我发现班级同学有困难或需要时，他都是特别热心，比如他经常用午休的时间，给其他学习上有疑惑的同学答疑；同学生病了，他也是帮助找老师，跟着忙前忙后。时间长了，很多同学得到过他的帮助，他成了同学们心中最信任的人，在班级的威信很高，无论多么困难的班级工作，只要他说一声，同学们都是很配合的。

我们现在很多孩子在这方面是比较差的，自我意识太强了，这和社会的氛围有关系，但更多的还是家长的教育引导没有到位。但是无论怎么差，我还是看到多数的孩子都是很有热心、乐于助人的，这一点让我特别欣慰。

第二，让孩子懂得尊重别人特别重要。

无论大孩子还是小孩子，都是能够分辨出友好和粗鲁的。我儿子经常到楼下的球场玩，碰到一个邻居家的小孩，六七岁的样子。这个小孩就特别野蛮，口吐脏话不说，有时还喜欢动手，他妈妈在旁边看到还有滋有味的，从来不去纠正孩子的不文明行为。开始的时候，大家还比较包容他，后来都躲得远远的。所以我经常会看到球场上的小朋友分两拨玩，一拨是七八个小孩儿一起玩，另一拨是那个野蛮的孩子和他妈妈一起玩。

造成这种局面，就是因为这个孩子不懂得尊重别人。小孩子不懂事是正常的，大人也不懂事就不正常了。可是你在身边就是总能遇到这种不正常的家长，他的逻辑是如果自己的孩子特别"厉害"就不会被别人欺负。真是这样吗？我看未必，首先他肯定得不到别的孩子的尊重，其次保不准哪天这帮孩子看他不顺眼，合起伙儿来就把他给打一顿呢。

第三，宽容大气的孩子才受欢迎。

宽容之心是在交往中慢慢培养起来的。孩子只有在与人的交往中才会发现每个人都有这样或那样的缺点，都要犯或大或小的错误。而只有学会容忍别人的错误和缺点，才能与人正常交往，友好相处。

宽容不是怕人，不是懦弱，更不是软弱，而是良好的涵养的一种表现，宽容的人能更多地得到别人的包容。多给人一份宽容和理解，也会给自己一个好的心境。

宽容的孩子很容易受到别人的欢迎，能够很快地适应各种不同的环境，因此他们能够处理好各种人际关系。

第四，懂得分享的孩子更受欢迎。

我教过一个学生，名叫小楠。高三的寒假时，她去参加清华大学的冬令营，突出的表现赢得了清华大学相关老师的肯定，再加上高中以来的优秀成绩，清华大学给予了降60分录取的优厚条件，这对于她来讲就等于迈进了清华大学的校门。从北京回来后，小楠给全班每个同学都带了一支印有"清华大学"字样的钢笔，希望同学们一起分享她的喜悦。同学们都很开心，并表示了对她的祝贺。

清华的降分录取本来是小楠一个人的好事，但是这个懂得分享的孩子并没有忘记和她同窗共苦的同学们，通过一份礼物，把让自己高兴的事变成了我们全班上下都高兴的事。所以你看，这个孩子将来在大学和工作中也一定会做得很好，因为除了学习好，她还懂得分享啊。

我儿子在小学三年级时，出现了不太喜欢和同学交往的问题。中午休息的时间有时会一个人在班级学习，不出去和同学玩。发现这个问题后，我和孩子商量把他喜欢的课外书带到学校去和同学们一起看，然后再带一个篮球，课间和午休时和同学们一起玩。大概过了两个月，孩子就经常和我说起和同学们一起玩时有意思的事了。

你看，小孩子的可塑性是很强的，在他们成长的过程中会有很多个十字路口，我们家长在这个时候一定不能缺位。如果我没有注意到孩子的变化，到了四、五年级以后，他很可能就不再愿意和同学交往，因为他已经习惯了一个人的感觉，但这是不利于心理健康的，我也没有给他讲太多的道理，只是给他提供了和同学分享的思路，他也愿意去和别人分享，结果他的人际关系就发生了积极的变化。

第五，培养孩子的幽默感。

现代的幽默理论认为：幽默能在参与者之间产生一种强烈的伙伴感和一致对外的意愿。幽默能一下子拉近两个人之间的感情距离，因为一起笑的人表明他们之间已经有了共同的兴趣、爱好，这是社交成功的第一步，也是很关键的一步。

一个具有幽默感的孩子，能随时发现事情有趣的一面，并欣赏生活中轻松的一面，建立起自己具有幽默感的独特形象。这样的人很容易让人想去接近他。

幽默是一种才华，也是一种力量，它就像桥梁一样能够迅速地拉近人与人之间的距离。

有一年我的新生入学，军训后我们第一次班会的主题是"说出你自己"。

一个学生的发言让我记忆深刻。他站上讲台时是这样说的："军训时我就想找一个体格不好的，看他什么时候坚持不住，结果找着找着，我自己先倒下了；看到入学成绩后，我就想找一找那个倒数第一的，因为和他做朋友一定没有压力，找着找着，我发现我们已经是朋友了，现在，我隆重地把我的好朋友介绍给你们，因为和他交朋友你会很轻松，那个倒数第一的就是我。希望能和你们成为好朋友。"这时班级里响起热烈的掌声，这个掌声就是给这个"倒数第一"的。

我也为这个"倒数第一"幽默的自我介绍鼓起掌来，心里想：这个男孩儿不简单啊，几句话就把自己的劣势化作优势，而且把和同学之间的关系拉得很近。这个男孩儿后来不仅同学们喜欢，老师们也都非常喜欢。在中日韩三国的中学生交流访问的活动中，他表现得幽默得体、机智灵活，为中方的代表们赢得了很多赞美和尊重。

以上就是这节课的全部内容，希望对您有所帮助，我们下节课见。

3. 如何培养孩子的合作能力

这节课我们来聊一聊如何培养孩子的合作能力。

合作能力在今天的社会，比过去的任何一个时期都要重要。为什么这样说呢？因为今天的社会分工变得越来越精细化，就拿一件电子产品来说，它从设计、研发，到生产、销售可能要有几百个环节。这种精细化的分工在一定程度上提高了社会的生产效率。但是，它要求各个社会组成单元的协同性要更好。如果协同性不够好，就会影响到生产的效率，这个影响协同性的社会组成单元很快就会被淘汰。而这个组成单元中最重要的就是人的因素，一个不会与人合作的人，在工作中就不能与其他人很好地协同发展，就很容易被淘汰掉。

太远的不说，如果我们向未来看十年的话，社会对个人的协同性的要求只会越来越高，不会越来越低。所以，我们今天的家长，要比以往任何一个时期更重视孩子合作能力的培养，以提高他（她）的协同性，适应时代的要求。

另外，合作不仅是生存上的需要，更重要的是，合作会给自己和他人带来快乐。

那么，我们要怎么样培养孩子的合作能力呢？在这里，我给您四个有效的建议：

一、激发孩子的合作意识。

二、引导孩子欣赏和接受别人。

三、开拓孩子的合作视野。

四、培养孩子的长处，让他在合作中具备核心竞争力。

我们先来谈一谈激发孩子的合作意识。

　　我在物理的实验课堂上，经常要带领学生们做分组实验。比如把四个人分成一组，来使用打点计时器研究自由落体运动的规律。我经常会发现一个现象：有的小组实验完成得很快，而且实验数据非常准确；而有的小组直到下课，实验的数据还没有做出来。后来我就用心地观察他们，终于发现了原因：实验做得好的都是小组成员能做好分工、懂得合作的，而实验做得不好的，都是小组成员不会合作的。

　　为了让同学们有合作的意识，我想起了一个曾经学习到的培养合作意识的教学案例，感觉这个案例特别能起到激发合作意识的作用。我给孩子们上了一节这样的课：

　　首先我把大拇指伸出来，问学生们："大家说说，我们的大拇指都可以独立地做什么？"学生们有的说可以按图钉，有的说可以给别人点赞。我又问："那食指可以独立做什么呢？"学生们有的说可以指路，有的说可以按计算器。接着我又问了中指、无名指和小指的作用。

　　然后，我拿出一个约20厘米深的玻璃杯子，当着同学们的面把一颗红色的小玻璃球放在里面。这时，我问学生们："有谁能只用一根手指，就把杯子里面的玻璃球拿出来，可以到前面试一试。"大家都很踊跃，尝试的同学一个接着一个，有用食指的，有用中指的，但都失败了。

　　这时我叫来一个一直坐在角落里、平时不太勇敢的女同学，我说："现在你来试一试，但是我允许你使用两根或三根手指。"结果，她轻松地把玻璃球取了出来。

我紧接着问学生："你们知道我和大家做这个实验的目的是什么吗？"

这帮聪明的学生在下面喊着："让我们懂得合作。"

我最后说："是啊，可是你们上一次做物理实验的时候，有很多小组的同学都没能充分发挥合作的力量，以后，一定要有合作的意识啊！"

后来我再上实验课的时候，看到同学们在动手实验前都仔细地做好分工，商量着怎么配合。他们不但把实验做得很好，而且在他们心里已经认识到个人的力量终究是有限的，很多事情需要集体的合作才能更好地完成。

我们家长可以让孩子多玩一些合作性较强的体育活动和游戏，比如足球、篮球、跳绳等，既有团体之间的对抗与竞争，又有团队内部的合作。这些都非常有利于培养孩子们的合作意识。如果孩子在活动中自以为是、不顾他人，别的孩子就会不喜欢和他（她）玩，慢慢地他（她）就会被孤立。相反，如果孩子在活动中能与人合作，表现出自己的才能，那么，他（她）就会受到其他孩子的欢迎和拥护。这样，孩子就能够真正地感受到团结合作的意义，并且享受到团结合作带来的乐趣。

第二，引导孩子欣赏和接受别人。

合作的实质其实就是取他人之长、补自己之短。只有真诚地欣赏他人的长处，孩子才能从内心深处愿意接受别人。也只有相互认识到对方的长处，欣赏对方的长处，合作才会有真正的动力和基础。

和孩子一起观看足球比赛的时候，我让他注意观察场上队长的一举一动。

他就好奇地问我："队长是场上球技最好的人吗？"

我说："不一定啊！"

他又问我："那他为什么能够当队长呢？"

我说："等一会儿你仔细地观察，可能就会知道答案的。"

然后孩子就专注地看球，更准确地说是专注地看场上的队长，他慢慢地发现：队长的球技好像真的不是最好的，但是总是出现在镜头里。当队友进球时，他会第一个跑过去庆贺，当队友失误时，他也会跑过去表示安慰。

他好像突然明白了似的跟我说："爸爸，我知道了，队长的球技不一定是最好的，但他一定是最能团结队友的人。"

我鼓励他说："儿子你真聪明，队长就是最能团结队友的人。除此之外呢，他还需要了解每一个队员的长处和短处，好随时根据场上的需要来调整战术。所以，队长就是能上场踢球的教练，被称为全队的灵魂人物。"

儿子又说："以后我也要当队长，做能上场踢球的教练。"

我说："好啊，但是从现在开始，你要练习用心去发现每一个人的长处，去向他（她）学习或者用他（她）的长处来弥补自己的短处；也要接受别人的短处，因为每个有长处的人，肯定也有他的短处。你若想当队长，首先是欣赏他们的长处，接受他们的短处，在场上团结好每一个人。"

我们家长朋友在生活中可以经常和孩子谈论身边人的优点，包括熟悉的老师、同学和不熟悉的故事或电影里的人物，培养孩子用欣赏的眼光来观察人的习惯。然后，在发现身边的人的优点的时候，适当地表示一下赞美就更好了。

这样，孩子就同时养成了"欣赏"和"赞美"的好习惯，在这两个好习惯的帮助下，他（她）首先肯定是一个受欢迎的人，慢慢地，这两个好习惯就会在他（她）与别人的交往合作中发挥出神奇的作用。

第三，开拓孩子的合作视野。

培养孩子合作能力的最终目的，其实是想让他们在工作中更加得心应手，或者开创自己的事业时如虎添翼。我们现在学校的教育更多的是应试教育，即使拓展一些素质方面的教育，也会因为老师的认知的限制或者教学时间的限制而受到很大的制约。所以，要想孩子在合作能力上有更宽广的视野和不拘一格的创造性，还需要我们家长在平时潜移默化地渗透。

比如，在孩子中学时期就可以结合他们规划的事业方向，让他们认识到创业团队和创业资金的重要性，然后一起去琢磨怎样通过合作去获得想要的人才和资金。

在这方面可以先给孩子介绍，然后让他（她）比较：是通过各种各样的创业孵化器去获得资金以及他们推荐的人才，还是自己找个"技术大牛"或人力资源的资深人士帮助组建团队，再去谈项目的融资。在这个过程中，配合几个创业的案例会让孩子的感受更具体。当然，我这里只是列举这样一个开拓合作视野的思路，家长们工作在各行各业，自身视野的方向肯定千差万别。但是一个原则是：在这方面不要把孩子当作孩子来教育，现在孩子对信息的处理能力和对未来的感知能力远不是我们这一代家长所能理解的。他们的认知能力和理解能力以及对未来的期许可能远远超过我们的想象。家长能为他们打开多宽广的视野，他们就能够成就多大的事业。而且您要记住的是：开拓视野这个工作如果家长不来做，在学校里是很难实现的。

第四，培养孩子的长处，让他在合作中具备核心竞争力。

以上三个方面是我们的孩子主动去和别人合作的建议。而合作是双向的，除了主动去寻求合作，我们还需要考虑怎么让别人愿意主动地来找我们合作。

打个比方，假设孩子不会打篮球，那么小伙伴们打篮球的时候，肯定就不愿意带你去玩，因为你会拖后腿啊。在大人们的世界里也是这样的，我们还拿创业来举例。很多人拿着创业的项目去到处找投资，可是就是没有人投。可有的人，他（她）的创业项目根本都还没有成熟，可是投资人就是看中了这个创业者，排着队往里扔钱。为什么呢？主要还是人家有本事啊，这个本事可能是他（她）的思路，也可能是他（她）的资源，还有可能是他（她）

的技术。我们可以把这个归纳为核心竞争力。

具有核心竞争力的人，大家都会争先恐后地找他（她）合作，没有核心竞争力的人，大家可能就会对他（她）不理不睬。这是很现实的，也是很正常的。所以，我们要从小就培养孩子的长处，培养他们的核心竞争力。

我们可以在以下几个方面来培养他们的核心竞争力。

除了学习，要涉猎广泛，文艺、体育都要有一个能够积极参与的活动，在活动的展示中，孩子就会得到别人的认可，也会增强他们的自信心。

要在培养孩子的领导力和凝聚力方面多下一些功夫，在平时的学习生活中鼓励他们表达自己的观点，坚持自己的观点很重要。无论是多大的活动，都要积极地争做孩子中的小领导。

在孩子的阅读内容方面，要广泛涉猎，锻炼他们的思维，培养在某一个具体领域的兴趣和能力储备，为将来的学业和事业打下基础。

以上就是本节课的全部内容，希望对您有所帮助，我们下节课见。

4. 如何培养孩子的阅读能力

我们都知道，知识是孩子成长中最为丰富的精神营养，读书则是他们获取这种精神营养最为便捷、有效的途径。读书能够启迪孩子的心灵智慧，扩大孩子的知识视野。读一本好书，孩子不仅能够品味优美的语言、生动的情节，还可以从中学到做人的道理。

古人说过："书中自有黄金屋，书中自有颜如玉。"

很多人觉得这句话说得很夸张，但如果你仔细想一想，就会发现，这句话一点儿都不夸张。

还有一句话是清代科举状元姚文田的一副书房对联，上联是"世上几百年世家，无非积德"，下联是"天下第一等好事，还是读书"。这副对联一直被读书人所推崇，其中原因，就是人们觉得确实有道理啊！

我的祖上是孔子的弟子子路。到我这一代，是第七十六代。记得小时候，我们家每逢过年祭祖的时候，我都会注意家谱上的一副对联。上初中的时候，家谱上的对联破损得厉害，我父亲就让我再抄写一副，由于那个时候我的毛笔字不是很好，就写了很多遍，总算是还能用，所以我就记忆得特别深刻。导致它一直影响着我的一言一行。上联是"欲光门第须从尊祖敬宗起"，下联是"要好儿女还是读书积善来"。

这个下联强调的读书和积善就是能让后人过得好的重要方法。

虽然时过境迁，但即使从我们当下的成长需求来看，这句话依然有道理。所以，引导孩子从小养成爱读书、读好书的习惯，将是孩子受益终生的财富。因此，每一个父母都应该重视孩子阅读能力的培养。

那么，我们怎样培养孩子的阅读能力呢？这里，我给您分享三个有效的建议：

一、营造一个浓郁的读书氛围，陪伴孩子一起读书。

二、采用渐进式读书的策略，让孩子读好书。

三、教会孩子合适的读书方法。

第一，营造一个浓郁的读书氛围，陪伴孩子一起读书。

营造一个浓郁的读书氛围，是孩子喜欢读书的首要条件。孩子如果生活在一个充满书香的环境中，耳濡目染、潜移默化，自然就会多和书接触，进而容易喜欢上读书。现在我们来一起审视一下，自己家里面的读书氛围：

您是不是一到晚上就守在电视机旁或者拿起手机就放不下？

您是不是从来没有读书的习惯？

您是不是不经常带孩子去书店或者图书馆？

如果以上三个问题您的回答都是肯定的，那么，在这样的情况下，孩子不喜欢读书就是必然的。

手机功能强大，内容丰富，别说对孩子了，就是大人都是长时间地被手机所绑架。所以，我们应该从今天起就开始下定决心，在陪伴孩子的时候把手机放下。如果您的孩子还在上小学，家长也轻易不要给孩子买手机，电视机也要定时定量有针对性地给孩子看。当孩子没有手机可玩，电视也是有限制地观看的时候，他们自然就会把更多的精力放到读书上面了。

作为家长也要养成读书的习惯，因为这是一种无形的影响，而且是重要的影响。您和孩子共同看一本书，然后一起讨论书中的内容情节时，您会发现，他们是特别乐意和你一起分享读书的感受的，甚至有时您会被他们的快乐所感染。

我儿子二年级的时候，就特别喜欢看漫画一类的图书，经常被里面搞笑的图画和对话逗得咯咯直笑。我每天下班后，他会把书里面他感觉最搞笑的那一页给我看，当我也被逗得哈哈大笑的时候，儿子也盯着我，和我一起大笑起来，我们家里面充满了笑声。我原以为孩子只是让我看里面的搞笑内容，但是我错了，我和孩子哈哈大笑之后，他说了一句让我百感交集的话，他说："爸爸，我就喜欢看你哈哈大笑的样子，而且特别愿意听你笑出声来。"

这个时候，我才发现，由于学校的工作过于繁忙，自己总是回家后还想着学校的事情，孩子和我说话时也经常心不在焉，更是很久没这样开怀大笑了。

从那以后，我除了给他买很多童话类的图书，还经常和他一起去图书馆，陪他一起看书。这段时光，是我们在一起最快乐的时光。

现在孩子四年级了，在学习之余，他有两件最喜欢的事情：一是打篮球，二是看书。我给他准备的书的种类多是以儿童小说为主，我还应他的要求买了一些自然科学类的图书。现在他通过阅读了解了很多物理、化学方面的小知识，从地球的自转、公转和液氮的熔点，到黑洞、白洞和虫洞都和我讨论。在讨论中，我发现孩子的阅读潜力真的是太大了，有一些知识，如果在学校学习的话，可能要等到高中才能接触到，但是他通过阅读，已经在很小的时候就有一个大概的了解。这对他以后的学习和兴趣的培养是很有帮助的。

第二，采用渐进式读书的策略，让孩子读好书。

当孩子喜欢上读书以后，我们首先要保证他们读好书。

什么书才是好书呢？

有人说是经典的书，有人说是能启迪智慧的书，还有人说是卖出几百万册的畅销书。这些书虽各有优点，但对于孩子来说，不一定就是好的书。

好的书首先是孩子喜欢，然后是书中的内容适合孩子的认知水平，最后是书的内容对孩子的成长有帮助。

有些家长在给孩子选择书的时候不去征求孩子的意见，自己感觉什么书好就给孩子买什么书。结果书买回来孩子并不喜欢，经常被扔在书架上。还有的家长看到孩子看课外书就和孩子嚷嚷："就知道看闲书。"这其实就违反了孩子"喜欢读的书才是好书"的原则。再好的书，孩子不喜欢读，也是没有用的。

另外，我们要考虑到孩子的认知能力，应该采用渐进式的读书策略，为孩子选好书。

我家孩子在入幼儿园之前，我们给他看的是幼儿画报，一页就只有一张大图片，只有一行字或根本就没有字。幼儿园时期的幼儿画报，图片中就能融入一段文字了。一年级的时候看的是《植物大战僵尸》的连环画，图文结合，还配有知识卡片。二年级开始看注音版的小故事，开始告别大量插图的图书。三年级开始就看动物小说了，偶尔也看看儿童悬疑小说，一本书有几万字。四年级刚刚开始，我发现他有些喜欢儿童科幻小说了。

你看，这就是渐进式的读书方法。我们有的家长在孩子一、二年级的时候，就给孩子看《三国演义》，多数的孩子是看不进去的。很容易让孩子产生对读书的抵触情绪。

在读书的内容方面，我们要尽可能地宽泛一些。其实在小学的阶段，只要是内容健康的书，孩子如果喜欢看，都可以让他们去看。在中学到大学阶段，可以多读一读经典的书目，因为这个时期孩子的心思纯净，容易感受到作者在书中所要表达的主要想法。而当走入社会以后，由于时间很紧张，人们不大容易静下心来品读大部头的经典。

第三，教会孩子合适的读书方法。

爱读书，读好书，还要会读书。不同的书有不同的读法，掌握了合适的读书方法就是会读书。

读书的方法有泛读、精读、通读、跳读、略读、速读、再读、选读、写读和序例读等，我们来谈一谈应用最多的精读、通读、速读和序例读四种读书方法。

可以说，精读是最重要的一种读书方法。比如专业类的书和名篇佳作都要细读多思，反复琢磨，反复研究，边分析边评价，才能吸收文章的精华。精读也是孩子在应试的过程中最需要提高的阅读方法。我的很多学生考试失误的原因不是不会做题，而是读不明白题意或者曲解出题人的意图。这在本质上其实都是阅读理解能力的欠缺，最好的改善方法就是提高精读的能力。

像书报杂志这样的读物，我们就需要使用通读的方法。从头到尾地阅读、通览一遍，主要目的是读懂、读通，了解全貌，以求一个完整的印象，而不是品读。很多人都是在繁忙的早上，只用几分钟来浏览一遍最新的报纸，从中获取他们最感兴趣的东西。

速读是一种快速读书的方法，是更加快速地通读。速读的人一般采取"扫描法"，对文章迅速浏览一遍，只了解文章大概意思就可以，这种方法可以加快阅读速度，扩大阅读量。

还有一种特别有用的读书方法就是序例读。我在查找资料的时候经常只是读图书的目录和序言，在其中寻找我所需要的内容。这个读书的方法就是序例读。序就是指序言，例是指书中列举的范例，而我通常是看目录和文章的概要。

最后，我补充一点，就是家长们特别感兴趣的语文成绩的问题。很多家长问我："仲老师，我家的孩子从小也读了很多书，怎么语文成绩就是不好呢？"

我用一句话跟您解释这个事，您记好了："要想语文成绩好，必须得多读书，但是多读书不一定能考出好成绩。"

您可能会问："那是差啥呢？"

"差在做题。"

您可能会说："为什么？语文又不是理科，不需要刷题，读了那么多的书还不管用吗？"

"不管用。"我就问您一个事儿："语文考试是考试不？"

您如果同意语文考试是考试，那就得多做题，从小学到高中无一例外。

以上就是本节课的全部内容，希望对您有所帮助，我们下节课见。

5. 如何培养孩子的执行力

这节课，我们来聊一聊"执行力"这个话题。

很多家长向我抱怨："孩子做事拖拖拉拉，磨磨蹭蹭，做作业特别慢。让他去干点活儿也是特别费劲，总也干不好，还不如我自己动手来得省心。这可怎么办啊？"

这个现象其实是普遍存在的。我在物色班级干部人选的时候，最头疼的一件事就是，愿意为班级做事同时又有能力把事情做好的孩子太少了。从年龄上来说，多数的孩子高一时已经接近成人，高二时就已经成人。可是，做起事来的差别简直太大了。

归根结底是孩子们的执行力出现了很大的差距，导致学习的效果和做事的能力出现了很大的差别。

好的执行力，不仅是孩子们小的时候对学习有帮助，更为重要的是，无论将来的生活还是工作，都需要孩子一件事一件事地去完成、去解决。成绩单只是在升学时有用，名校的毕业证只是在找工作时有用。决定一个人能否应付生活和工作挑战的一个主要因素，就是执行力。

如果单从学习的角度去分析，决定孩子学习成绩的主要原因，除了想象力、创造力、逻辑思维能力等这些智力因素，还有非智力因素。而执行力就是非智力因素中最主要的一个。

那么，如何培养孩子的执行力呢？在这里，我为您提供四个有效的建议：

一、从培养执行的意愿出发，做一个懒惰的家长，才能培养出勤奋的孩子。

二、万事开头难，鼓励孩子勇敢地走出第一步。

三、在孩子做事的细节之处，提出更高的要求，引导他们做事做到位。

四、培养孩子迎难而上的精神，坚持把一件事情做到底。

第一个建议，从培养执行的意愿出发，做一个懒惰的家长，才能培养出勤奋的孩子。

我在讲如何培养孩子的感恩意识和责任意识的时候，都跟大家强调一件事：家长要为孩子树立好的榜样。但是，在培养孩子的执行力方面，就恰恰相反。家长做得越多，孩子做得就越少。慢慢地，孩子会从少做事到不愿做事。

可以说，事事都代劳的家长，抹杀了孩子做事的进取心和基本的做事能力。

我家孩子经常到楼下的篮球场和邻居家的小朋友们打球。在打球的时候难免会出现鞋带开了的情况。那天就碰到一个三年级的男孩儿刚好鞋带开了，他妈妈把他叫过去，孩子很自然地把脚伸过去，妈妈蹲在地上给孩子系上鞋带，然后孩子跑开了，继续打球。

家长爱护孩子的心情是可以理解的，可是很多家长不明白，最好的爱护不是什么事都替孩子做好。对于一个三年级的孩子，别说系鞋带，就是洗衣服，都是自己可以做好的。如果你不让他做，他就永远没有自己去做的意愿和能力了。也许您会说，等他长大就会了。是啊，等他长大会系鞋带了，同龄的孩子可能博士都毕业了，或者创业都成功了。

所以人们经常说："勤快的家长，容易带出懒惰的孩子；而懒惰的家长，更能锻炼出勤快的孩子。"

培养孩子的执行力的第一步，就是培养他们去做的意愿。这是第一步，和执行能力没有关系。

凡是执行能力强的人，都有一个共同的特点，那就是做事的主动性特别强。

我以前有一个学生，曾是我的体育委员，现在成了我的朋友，是一名优秀的现役军官。他在读书的时候，虽然只是一名体育委员，除把班级的跑操队伍带得特别出色外，还经常热心地到我这儿来找活儿干。班级的大扫除、班级打印机的修理、自习纪律的管理、毕业纪念册的制作等该他干的和不该他干的活儿，他都抢着去干。而且，他把各项工作都做得无可挑剔，每次忙完都是满头大汗。即使在高三紧张的学习中，也是尽职尽责，为班级做了很多的工作。

我那时就相信这个学生的将来肯定错不了，因为他是一个愿意做事、能做事也会做事的人。现在，他每次获得部队的嘉奖，都会给我发来喜报，让我和他一起分享成长的喜悦。

第二个建议，万事开头难，鼓励孩子勇敢地走出第一步。

有了执行的意愿，下一个阻力就是孩子对一些事情的畏惧心理。比如孩子小的时候不敢一个人去买东西，大了以后不敢在集体中发言，不敢说出自己的想法和意见。这些都是孩子畏惧心理的表现，可能是出于不自信，还可能是受过失败的打击，也可能是对环境的适应能力差。它们都会影响孩子的执行能力。

遇到这样的情况，我们就要鼓励孩子，无论任何事，都要勇敢地走出第一步，帮助他们克服心理上的障碍。

我的一个亲戚家的孩子，虽然从名校毕业，但快30岁了，一直待在家里，不去工作，衣食住行都是爸妈来承担。

我和孩子聊过，他对找工作这件事特别恐惧，他不擅长在别人面前推销自己，怕失败。我和他说："第一，你没试过，怎么会知道一定失败呢？第二，即使失败几次，总有成功的时候啊。第三，找工作失败几次也比天天待在家里，遭受邻居们的白眼强很多啊！你必须得去尝试一下。"

然后我陪着他一起写简历、投简历，陪他一起去参加面试。然后看到他从一开始的畏惧，到不在乎被拒绝，再到后来充满信心。现在，他虽然收入依然有限，但已经走出了家门，自己能够独立了。这就是他自己迈出的一大步啊！

家长们在孩子迈出每个第一步时，都要及时地鼓励孩子。比如第一次在亲朋好友面前为爷爷奶奶祝寿，第一次在众人面前唱歌，第一次竞选班级干部，第一次完成老师交付的任务，等等，如果我们在孩子小的时候就注意鼓励和引导，孩子长大后就会完全没有这些心理障碍了。

第三个建议，在孩子做事的细节之处，提出更高的要求，引导他们做事做到位。

人们常说，细节决定成败，把细节做好也是执行力强的重要特征。

我班里的一个课代表，在这方面做得就特别好。课代表的一项工作是帮助老师收作业，统计谁没交，然后上报给我。她每次交给我作业的时候，都会事先检查一遍，把作业先按照优、中、差三个等级分好，让我批阅时更有针对性。然后会把没交作业的名单报给我，详细地说明哪个同学都是因为什么没交，谁是晚交的，谁有抄的嫌疑，我批阅的时候都可以加以核实。他们班是一个普通班，但是作业完成的质量要比我教的其他实验班都好，其中这个做事细致的课代表功不可没。

还有一次，我们上物理实验课。这个班的学生的素质就算是很好的了，实验结束时，都能够把实验台清理干净，把实验器材整理好。但是，这个课代表在同学们走后，又在实验室检查了一遍，把地下同学们遗落的草纸都捡了起来。

家长们有的时候说，孩子能够碰到一个好老师是孩子的幸运。其实，当老师能够碰到一个好的学生，也是打心眼里感觉幸运和欣慰。这个孩子就给了我这样的感觉。

很多时候执行力强并不是要求孩子的能力有多强，很多事情都不需要特别强的能力，只要把它做得细致、做得到位就好了。

而孩子这份格外的细心和做事的高标准，一定是家长引导和监督起的作用更大些。我们可以从孩子的作业完成情况入手，或从孩子的家务劳动入手，或从孩子和他人的交往入手。比如孩子的字总是写得歪歪扭扭，一直到高中都是这样。然后您和老师说："这孩子学习磨磨蹭蹭，做事拖拖拉拉，是怎么回事啊？"怎么回事？这是因为您在孩子小的时候没有严格要求啊！说得直接些，孩子的每一个坏习惯后面都有爸妈的纵容和疏于管教。每一个孩子从小到大都会把常见的毛病表现出来，关键是家长如何处理，如何看待。如果您把标准定得稍微高一些，告诉孩子，这件事你还可以做得更好，那么孩子在做事的时候，肯定也是默认这个标准就是底线嘛！

有人说："仲老师，白费啊，我定了高标准孩子也做不到啊，他没有那个能力。"

我问他这样一个问题："十岁的孩子上完厕所不冲马桶，是不是能力不够？"

其实生活和学习中很多的事情是不需要太高的能力要求的。当然，技术性强一些的事情是得找专业的老师来指导，但多数的事情，只要孩子跷一下脚，就能够够得着。

同时，在提高标准时让孩子理解"细节决定成败"的道理，这样他（她）做起事来，就会更加主动地提高标准，把细节做到位。

第四个建议，培养孩子迎难而上的精神，坚持把一件事情做到底。

有的孩子有想把事情做好的愿望，也有把事情做好的能力，关键的困难就是坚持不住。

孩子成长的过程有点儿像通关游戏，每长一岁就通过一关，任务就会加大难度。这个时候，有的孩子就能迎难而上，无论多么困难都坚持努力地克服。而有的孩子，一碰到困难就退缩了。

我们就拿高中物理学科的学习来举例。每次讲第一册第一章的时候，多数的孩子都能跟上，作业也都完成得不错，课堂的精神头儿特别足。但是，不出一个月，就有几个孩子已经开始不写作业了，再过几周，课堂上就会出现睡觉的孩子。为什么呢？因为这样的孩子都是不能坚持学习的。什么样的知识适合他们学呢？那就是得一听就会，一考全对，甚至要简单到不听都会的程度。

但有用的知识不是这样的。越是含金量高的知识，学起来就越困难；越是难考的大学，毕业后才越有发展；越是难学的专业，社会才越有需求。

所以，培养孩子的执行力，一定要注意培养孩子迎难而上的精神。无论做什么事，都要勇于克服困难，让坚持成为一种习惯。

以上就是本节课的全部内容，希望对您有所帮助，我们下节课见。

第四部分

学习方法的指导

1. 如何培养好的学习习惯

我在教学工作中的任课情况，通常都是教一两个实验班的物理课，再教一两个普通班的物理课。在教学的过程中，会出现这样几个现象：

一、在普通班里也有很多特别聪明的孩子，在实验班里也有很多不那么聪明的孩子。

二、实验班虽然有很多不够聪明的孩子，但是每次考试依然还是名列前茅。

三、高考后实验班的孩子基本都有很好的成绩，除了考上清华、北大，大多考上的是重点本科中比较好的大学，而普通班的孩子就很少有考上顶尖一流大学的，除了少数几个能考上较好的大学，大多数的孩子都是平平常常。

是普通班的老师授课水平不行吗？不是啊，很多实验班的老师都在普通班任课的。是教学内容不一样吗？也不是，在我曾经任职的高中，从县级一中到全国十强的高中，实验班和普通班的新课教学都是一样的，甚至在普通班还要讲得更细一些，因为学生的基础没有那么好嘛！讲细致一些，学生接受得才能更好。老师偶尔会在难题部分有拓展延伸，多数还是学生自己拓展的，和老师没有太大的关系。

这种情况的主要原因就是学习习惯的不同。

在实验班上课的时候，学生们听课时基本不会随便交头接耳或趴在桌子上睡觉。他们都是聚精会神地认真听课，能够跟着老师的引导积极地思考问题，遇到重点的内容还会认真地做笔记。而在普通班上课的时候，学生就要被动很多，不愿意动笔计算和做笔记，累了就趴着休息一会儿，直到趴累了为止。

就是这样的学习习惯的差别，导致他们在中考时出现了很大的差距。所以有的孩子考进了重点高中，有的孩子只能去普通高中。进入高中后，习惯好的孩子每天都会比习惯差的孩子多收获一点点，三年后的高考，就一下子分出了高下。

所以你看，学习习惯就是决定孩子学习效果的直接原因啊！

那么，怎样帮助孩子养成好的学习习惯呢？在这里，我给您几个有效的建议：

一、好的学习习惯要从小抓起。

二、好的学习习惯是好的生活习惯的延伸。

三、为您分享几个在学习上较有帮助的好习惯。

第一个建议，好的学习习惯要从小抓起。

好的学习习惯要从小抓起，因为坏的学习习惯一旦养成，是很难改掉的。孩子在小的时候做事情总是要比长大后更加认真，比如规范书写的习惯。

我家孩子在读一、二年级的时候写田字格时，只要有一个笔画写得不好，就会擦掉重写，虽然速度慢一些，但修修改改的过程中让我看到了他认真的一面。而到了三年级时，即使有一两个字写得不好，也不想再重写了，他嫌麻烦。如果这个时候没有及时纠正，那他以后写字的时候，要求就会越来越低，最后就是只要在老师那里说得过去就行。我发现这个现象以后，开始了和他的沟通。

我鼓励他说："儿子，你小的时候认真写字的样子，爸爸总是念念不忘，就感觉你以后做任何事都会这么认真。那时候，你的作业总是被老师拍成照片发到家长群里，作为同学们的榜样。可是现在你长大了一些，书写的能力增强了，但是没有以前认真了，咱们能不能还像小时候那样，一笔一画地写字，把字写好，把字写工整？不管是上课记在书上的笔记，还是田字格作业，咱们都认真地写。好不好？"

孩子也感觉到现在确实不如小的时候了，就回答："嗯，我以后一定认真地书写。"

我在孩子写字不认真的开始，就给予了及时引导。现在，孩子的作业还是经常被老师当作榜样，给其他的同学欣赏。

儿子就读的小学，从三年级下学期开始，期末会根据平时的七八次测验的总成绩进行排名，前五名同学会获得期末考试的免试资格，这对于孩子来说是一种特别的荣誉。他在三年级下学期以第一名的总成绩获得了语文和数学的免试资格，英语也以第三名的成绩获得免试资格，为此他高兴了很长时间。

但是，我和他妈妈在四年级开学的第三周发现孩子的数学作业经常有三四道题会做错。开始他妈妈以为是孩子做作业不认真，后来我经过分析，在小学阶段，如果是马虎，可能只是一两道题做错，达到三道题，就属于知识掌握的问题了。知识的掌握出现问题，不是听不懂课，就是上课没有认真听。按照他的接受能力，应该不是听不懂，肯定是听课时注意力出了问题。

于是我就问他："儿子，你最近听课是不是不太认真啊？如果是这样，你就告诉爸爸，我不会责怪你，咱们一起找一找原因。"

孩子就跟我说："老师讲新课的时候我听得挺认真的，讲卷子的时候我没有认真听讲。"

我接着问他："为什么没有认真听讲呢，是不是骄傲了呀？"

孩子回答我说："我以为我都会做，就没认真听老师讲。"

原因找到了：这是骄傲造成的。后来我给他讲了我的学生的例子：我的这位学生已经是年级第一了，考试总是能打100分，可是老师讲课的时候，他还是特别用心地听老师强调的知识细节，就是这样认真听讲的好习惯才能让他学习很轻松，成绩还很优秀。他慢慢地明白了，经过我的反复引导和监督，现在他养成了认真听讲的好习惯。

像认真听课、认真书写这样的学习习惯一定要在孩子很小的时候就开始培养，等到孩子大了，坏习惯一旦养成，就很难改掉了。有很多的孩子，在高中时才开始练字，基本都是很难练好的。练字晚的孩子，认真的时候一笔一画写，还能写好，但是你一看他的课堂笔记，简直乱得一塌糊涂。为什么？因为他在平时写的时候是最本真的表现，他原来不好的书写习惯如果不是特别注意时，自然就会流露出来。

第二个建议，好的学习习惯是好的生活习惯的延伸。

在孩子小的时候，除了注意培养好的学习习惯，还要注意培养好的生活习惯。因为，好的学习习惯是好的生活习惯的延伸。一个具有好的学习习惯的孩子，在生活习惯上往往也表现得非常好；同理，一个在生活习惯上一塌糊涂的孩子，在学习上也很难表现出很好的习惯。

所以，像每晚睡前要刷牙，起床后自己整理被褥，自己的房间自己收拾，自己的小衣物自己清洗，不要随地扔垃圾，这样的生活习惯，在孩子入小学前或是稍晚一些时候，都要重视培养。千万不要什么事都是家长来包办，把所有的时间都腾出来给孩子学习，如果那样做，孩子不但学习不会好，在生活上，也不会是一个可以让家长放心的孩子。而一个具有良好的生活习惯的孩子，是很容易养成好的学习习惯的。

第三个建议，在学习上较有帮助的几个好习惯。

好的学习习惯有很多，家长们可能不知道从何处着手去培养，我专门为您挑选了对孩子的学业发展较为有利的四个好习惯：

第一个好习惯，规范书写的好习惯。

从孩子握起铅笔的那一刻起，我们家长就应该引导他们树立规范书写的意识。因为写字不仅可以锻炼一个人的耐心，还可以锻炼他的观察能力。能写一手好字的人，绝不仅仅是刻苦地练习。他对字的笔画、结构和章法肯定有自己的认识，而这种认识都是靠长时间地观察、对比和思考才能总结出来的。另外，从应试的角度看，书写工整的试卷，在中考和高考的试卷评阅中，也是要比字迹潦草的试卷占优势。

更为重要的是，书写习惯不好的孩子，在学习过程中很容易把写字当成一种负担。只要是能不写就不写，只要是能少写就少写，课后作业不愿意做，课堂上就更不可能主动地去做一些必要的课堂笔记。时间长了，学习的效果肯定大打折扣。

第二个好习惯，认真听课的好习惯。

听课的环节，是学生所有的学习环节中最重要的。每一个学科所有的知识都是老师在课堂上传授的，在听课环节出问题的孩子，很少有学习好的，即使成绩还不错，肯定也比会听课的孩子多下了很多笨功夫。为什么说是笨功夫呢？本来靠上课认真听讲就自然能够明白的知识，却要在课下花上几倍的时间去消化、理解，这么劳时费力的功夫又怎么能不笨呢？

所以，我经常和学生们讲："聪明的学生，并不是那些对学科问题反应快的人，而是知道在什么时间就做好什么事的人。这样的聪明孩子有一种很强的自我约束和管理的能力，往往表现出很强的自律和自控能力，对于时间的管控要比同龄人好很多，学习的效率可能是别人的两倍甚至更高。"

培养孩子认真听课有三个关键的要点：第一是让孩子认识到认真听课的重要性 。第二是锻炼孩子的专注力，这个可以在孩子写作业时加以训练，要求他们在做作业的时候必须一气呵成，不能断断续续。然后通过完成作业的质量和任课老师的反馈了解他们听课的专注程度，发现问题，及时纠正。第三是引导孩子积极回答问题，即使老师不提问他（她），也要做好回答问题的准备，这是防止课堂"溜号"最好的办法。

第三个好习惯，认真完成作业的好习惯。

学习的环节就是写作业。写作业的过程，既是对所学的新知识的一种有效练习，也是个人学习能力提升的关键环节。

绝大多数考试都是以笔试为主。笔试要求在规定的时间内最大化地做出正确答案，这就要求学生的审题能力、思考能力、书写能力以及必要的答题技巧都很出色。而这些能力都是靠在平时的书面作业中训练提高的。

我经常遇到一些头脑灵活、反应敏捷的孩子，就因为对作业的重视程度不够，经常敷衍了事，结果成绩慢慢地越拉越远。等到他们认识到作业的重要性的时候，坏习惯已经养成了。

我们的高考数学和英语的作答时间是两个小时，语义卷更是长达两个半小时。很多学生没等试卷答完就已经坐不住板凳了，这样的学生想要考好基本是不可能的。

所以，家长们在孩子写作业时，应该把更多的精力放在督促他们认真的方面，而不是答案是不是正确的。先养成一个认真完成作业的好习惯，孩子的很多能力才会得到提高。

而更重要的，认真完成作业也是培养好的学习态度的有效方法。

培养孩子认真完成作业的关键有五个：

一、保证时间的完整性，做作业不拖拖拉拉。

二、家长做好适当的示范，注重细节，提高作业的质量。

三、控制好孩子的作业总量，让他们有计划地完成作业。

四、尽量不借助网络工具，尽量独立完成。

五、让孩子养成自己检查作业的习惯。

第四个好习惯，阅读的好习惯。

对于孩子的最好教育就是家庭教育，而对于一个人最好的教育则是自我教育。无论是家庭教育，还是自我教育，阅读都是很重要的教育途径。喜欢读书的人和不喜欢读书的人，受教育的最大的区别就是，一个是主动地寻求教育，一个是被动地接受教育，教育的效果也就是天壤之别了。

从应试的角度，单说语文学科。高考中的现代文阅读、古文阅读就占据了试卷的半壁江山，剩下一半主要是作文，您看哪一个不读书的人能把作文写好呢？其他学科的试卷在很大程度上也是要考查学生的阅读理解能力的。

所以，培养孩子的阅读习惯，无论是对他（她）的学业提升，还是对他（她）的未来发展，都是很重要的。

以上就是今天的全部内容，希望对您有所帮助，我们下节课见。

2. 如何引导孩子写一手好字

在前面的课中，我提到了规范书写的重要性：它能使孩子在考试中占有一定优势，可以让孩子给人好的印象，还可以锻炼孩子的专注力和自律性，等等。很多家长也能够意识到书写的重要性，但就是不知道如何引导孩子写一手好字。这节课，我们就来重点解决这个问题：如何引导孩子写一手好字？在这里，我给您提供四个有效的建议：

一、练字要尽早开始。

二、找一个好的书法老师，可以少走一些弯路。

三、练字的关键在于孩子的勤于练习和家长的监督陪伴。

四、做到落笔即练字，平时书写注意规范，才能练得一手好字。

第一个建议，练字要尽早开始。

要想写好字，肯定是要勤加练习的。那么，什么时候开始练字最好呢？大量的实践证明，练字的最好时期就是小学一、二年级，再准确点儿说就是开始写字的时候就要开始练字，这样最大的好处是不用再纠偏。孩子刚刚开始写字的时候，如果坐姿和握笔的姿势是正确的，基本笔画的规范写法指导是到位的，孩子就不会养成不好的习惯。这对于练字是极为重要的，否则，我们可能需要大量的时间用来纠正以往养成的错误的姿势和习惯。

如果您的孩子已经错过了这个时期，那我的建议就是马上开始，一天都不能耽搁。初高中才开始练字，也能写一手好字的也是大有人在，只不过会多下很多功夫。

第二个建议，找一个好的书法老师，可以少走一些弯路。

如果您的孩子已经开始练字了，那么，接下来可能需要考虑的问题就是：是找一个老师指导呢，还是按照书法字帖来临摹？其实，都有一个最终的目的，就是帮助孩子找到正确的书写方法。那么不同之处在于什么呢？当您找一个老师来指导孩子的时候，书写的方法、经验会来得更直接、更快速，孩子的学习会更有效率。如果是按照书法字帖来临摹，这就要求学习者本身一定要具备比较强的观察能力和归纳能力，能够通过字帖当中的规范字样，找到字的基本结构。对于初学者，特别是小孩儿，我建议，最好还是找一个老师来指导。经过老师的指导，孩子基本上能够独立地观察一个字的结构、笔画等一些书写的问题，掌握书写的基本方法后，就可以按照他（她）所喜欢的字体的字帖来进行长时间的临摹了。

我们怎样才能找到一个适合孩子的书法老师呢？给大家介绍三个原则：

第一个原则，一定得是孩子喜欢的老师。什么样的老师是孩子喜欢的呢？首先是孩子喜欢老师这个人，其次就是孩子喜欢老师的字。不要低估孩子的审美能力，一、二年级的孩子已经具备简单的审美能力了，选择孩子自己喜欢的字体，他（她）才会更加认真地学习。所谓亲其师信其道嘛，选择一个孩子喜欢的老师，孩子的学习效率会大大提高的。

第二个原则，就是我们一定要有长期的打算，既然已经开始准备练字，我们就要明确一点，练字这件事，并不是短期就能有所受益的，它至少需要一到三年的时间，所以呢，我们在选择老师的时候，尽量不要选择那种速成班或者短期班，老师一旦选定，至少要保证能够持续指导我们的孩子一到三年。假如一个老师教我们半年，半年之后，老师因为其他原因走了，我们还需要换老师。更换老师之后，老师的教学方法、书写方法，包括老师对字的理解，可能都跟前面那个老师不一样，这个时候对孩子学习书法是非常不利的。

第三个原则，就是尽可能找到业务水平比较专业的同时责任心比较强的老师。现在市场上的书法班，老师的水平确实是良莠不齐的，需要家长甄别。另外呢，教学这件事永远都需要责任心，一个负责任的老师和一个不负责的老师，教学的效果是有天壤之别的。

和找书法老师学习相比较，还有一个更加省时省力的办法。那就是在互联网上结合书法教学视频来学习。这种学习方法的好处是节省时间。家长和孩子省掉了来去书法班的时间，学习时间更加自主灵活，教学的质量相对要高一些，在互联网上可以和很多名家一起学习书法。但是这种办法有两个缺点：一是孩子书写中出现的问题，不能得到老师及时指正；二是部分家长和孩子的自律性比较差，可能导致孩子学习书法的持续性方面出现问题。家长可以根据孩子自身的特点以及自己的监督能力，来自行选择这两种学习方式。

第三个建议，练字的关键在于孩子的勤于练习和家长的监督陪伴。

选定老师之后，是不是经过一到三年，孩子就一定能够学好呢？这是不确定的。在实际的生活中，你会发现，有的孩子到三、四年级的时候，老师会跟家长反映，你家孩子的字写得太差了，应该多加练习。家长会很困惑：我们孩子从一年级开始一直都在学习书法呀，可为什么就是写得不好呢？正所谓师父领进门，修行在个人。很多家长感觉我家孩子一旦找老师了，每周上一到两节课了，孩子的字将来一定能够学好，这是很大的一个误区。学习书法也好，学习数学也好，学习任何科目，老师其实只是起到了一个指导的作用，起关键作用的最终还是孩子的勤于练习和家长的持续监督。

学习本身是一门苦差事，练字，更是学习当中最枯燥的。在这个时候，家长的陪伴就显得非常重要。

那么，家长在陪伴中都要做些什么呢？在陪伴孩子练字的过程中，家长主要有两个任务：

第一个任务就是做老师的助教。在孩子和老师学习写字的过程中，家长尽量和孩子同步学习。家长可以起到一个陪伴的作用，让孩子感觉，在练习写字的过程中不是那么孤独。还有一个作用，就是聆听老师在教授孩子写字的过程中的重点方法，等到回家之后，家长就可以根据老师的教学要点去指导孩子，当孩子有的地方做得不够到位的时候，就可以按照老师的要求，及时指正。如果在这方面做得好，孩子就相当于每时每刻都有一个书法老师，如果做得不好，那么孩子只有在和老师学习书法的过程中才能受到指导，而平时会犯很多错误，这个时候是没有老师指导的，孩子写字进步的程度是会受到很大影响的。

家长陪伴孩子的第二个任务，就是鼓励。我们必须对孩子写字过程中出现的点滴进步，比方说笔画写得特别到位，或者结构写得特别合理，给予及时表扬。这样可以使孩子在枯燥的学习中感受到写字的乐趣，进而提高练字的积极性。

第四个建议，做到落笔即练字，平时书写注意规范，才能练得一手好字。

除了学习书法的途径，要想把字写好，我们还需要考虑三个方面：学习书法的标准、学习书法的内容、学习书法的时间。

先说一下学习书法的标准。我们大多数孩子学习书法，其实最根本的标准就是在应试的过程中，能够写出一手好字。一部分对书法特别有兴趣的孩子，可能会朝着专业的方向发展。在刚开始学习的时候，建议家长把标准放低，先不要引导孩子朝着专业的方向发展，只要能够在学习过程中写出一手好字就可以了。如果在学习过程中发现孩子在这个方向上非常具有天赋，那么我们就可以适当地把标准慢慢地提升。

要想在学习过程中写出一手好字，我们就要关注孩子在学习过程中都写了哪些字。汉字、英文、拼音、阿拉伯数字及运算符号，基本涵盖了学习的过程中所有的书写内容。家长和老师往往更加注重汉字的书写，而忽视了英文、阿拉伯数字及运算符号的书写。其实按照书写的难度，阿拉伯数字及运算符号最简单，其次是拼音和英文，最难的、变化最多的，才是汉字。所以，强烈建议家长在监管孩子书写的时候，应该同时练习这几个方面。特别要强调一个问题，对于低年级的孩子，要注意拼音的书写方法和英文的书写方法是不一样的。

最后是练习写字的时间。很多孩子，在书法课上是认真练习的；回到家里，在书法本上也认真练习。但是，写到作业本上的字，和书法本上的字是不一样的，相比较就要凌乱了很多，这也是很多家长和孩子的误区。

我们要建立一个什么样的练字观念呢？一句话，就是落笔即练字。无论是写哪一个学科的作业，只要动笔的时候，心里就要想着老师是如何指导的，就要按照老师的要求认真书写。这样，别人练习两年，我们的孩子只需要练习一年，就可以达到相同的效果。特别需要注意的是，家长要认识到，练字是一个长时间积累的过程，就像学习乐器一样，没有一定时间的练习，是很难有出色的效果的。一到三年只能是养成较好的书写习惯，还达不到美的标准。但若是掌握了正确的方法，养成了较好的习惯，写一手好字，是早晚的事。

以上就是本节课的全部内容，希望对您有所帮助，我们下节课见。

3. 如何培养孩子认真完成作业的好习惯

在前面，我们讲了学习的重要的环节就是写作业。写作业的过程，既是对所学新知识的一种有效练习，也是个人学习能力提升的关键环节。

而且现在的中考和高考的绝大多数科目的考试以笔试为主，体育和英语的口语是现场测试。笔试要求在规定的时间内最大化地写出正确答案，这就要求学生的审题能力、思考能力、书写能力以及必要的答题技巧都很出色，才能出类拔萃。而这些能力都是靠在平时的书面作业中训练提高的。

而更重要的，认真完成作业也是培养好的学习态度的有效方法。

虽然我们认识到作业的重要性，但是陪伴孩子写作业是很多家长特别头疼的事情。有一句话形容现在的家长陪伴孩子写作业时的情景，说得非常生动："不写作业母慈子孝，一写作业鸡飞狗跳。"

我们怎么解决这个"鸡飞狗跳"的困境呢？这里，我针对培养孩子认真完成作业的好习惯，给大家提供五点有效的建议：

一、保证时间的完整性，做作业不拖拖拉拉。

二、家长做好适当的示范，注重细节，提高作业的质量。

三、有计划地完成作业。

四、做作业时尽量不借助网络工具，让孩子独立完成。

五、必须让孩子自己检查作业。

第一，保证时间的完整性，做作业不拖拖拉拉。

孩子小的时候，作业量一般不大，如果不磨蹭，一个小时就差不多可以完成。如果孩子拖拖拉拉，就会很耗时间，假如家长是急性子，就会批评甚至训斥孩子。孩子的心情变得很糟糕，作业反而写得更慢了。

一般情况下，孩子做作业慢主要有三个原因：

第一个原因是孩子过分追求完美，一个笔画、标点和数学符号都要写得完美无缺。只要是自己感觉写得不好，就会擦掉重写，有时甚至撕掉重写一页。

很显然，这样的孩子是将作业的关注重点弄错了方向。那怎么办呢？我们将他（她）的关注重点再引导过来就好了。首先要肯定孩子的认真态度，因为这是很难能可贵的，虽然方向错了，但是这个认真的态度要一直保持下去。其次是把其关注方向引导到作业的整体效果和完成时间上面，让孩子学会兼顾几个方面，做好平衡。

第二个原因是对答案不确定，或是有的题根本不会做。碰到一个就问一个，再碰到一个又问一个。家长得时刻在身边当伴读书童，给他答疑解惑。否则作业根本就写不了。这种情况很好纠正，立下规矩，以后写作业先把会的都做完，不会的或吃不准的，放到后面，由家长统一帮助完成。如果您按照我的方法来，您会发现，孩子写作业的时间大幅缩短了，他（她）也不再一会儿喊妈妈一会儿喊爸爸了。

其实这个跳跃答题的习惯特别重要，我们学生在高考时就怕被一两个问题绊住，耽误很长的时间，导致答不完试卷。所以，在高考前，我都反复叮嘱学生们，遇到不会的题一定要先放下，往后面做，等都做完了，剩下时间再回过头来研究。这样能保证考试时间的最大收益。

第三个原因是孩子本身就很容易分心。解决的办法是，首先给孩子创造一个清静的学习环境，孩子的书桌上除了必要的课本、作业本、草纸和文具，其余的东西都要清理干净。家长也不能在孩子做作业时给孩子送水果、送水。

同时，在心理上适当地引导，鼓励孩子专心地完成作业。告诉他（她），他（她）是能够静下心来写作业的。

当以上三个问题解决后，孩子做作业就不会再拖拖拉拉的，效率就会得到大大提升。

第二，家长做好适当的示范，注重细节，提高作业的质量。

我家孩子上二年级时，语文老师要求查字典预习生字，并在教科书上为每一个字组两个词语。我在检查作业时发现，他的书写很不规范，东一块，西一块。然后，我给孩子做了一个示范：我将生字下面的空白处用直尺打好方格，组的词就写在格子里。然后，孩子发现，这个方法真的比不打格的时候看着舒服了很多，他便也按照这个方法写。后来，老师就经常拍下我儿子的作业照片，在班级的微信群里分享给其他的孩子做榜样。

这些示范，老师在学校可能也做过，但是针对一个班级的同学，老师很难了解每一个学生的具体情况。所以，家长在示范的同时，对孩子的细节方面会有比较全面的了解。

我们经常说的一句话叫作"细节决定成败"，这在高考时体现得更加明显。细节做得好的学生在考试的时候能把会做的题全部答对，而细节做得不好的同学，会因为粗心大意丢掉三五十分。我教过的所有考上清华、北大这样名校的孩子，在学习的细节方面做得都特别好。因为，高手之间的较量，就是细节上见成败。

而这些细节的培养，都是在平时的包括作业在内的高标准练习当中完成的。

第三，有计划地完成作业。

孩子们平时的作业不算太多，压力不大，稍加规划就可以了。但是当孩子们放长假的时候，就要帮助他们做好细致的规划。

和大家分享一下今年暑假我家孩子的作业完成情况：

他的暑假作业主要是语文、数学和英语三科的练习册，每册80页。

我和孩子计划每天每科写三页，这样他每天完成的时间不到一个小时，不到一个月就可写完了。然后我们又计划每天练习写五行钢笔字，每次不到半个小时；每天做一篇语文阅读，每次接近十分钟，每天早上听五分钟英语课文，晚上睡前用十分钟背一首古诗。这样总的算下来，两个月的假期，前一个月每天累计学习不到两个小时，后一个月每天累计学习不到一个小时。其他的时间都是打篮球和看书。一个假期，孩子的篮球技术增进不少，书也读了很多，还看了几场电影，出门旅行七八天。

开学前，我们一起总结假期的收获时发现：除了学校留的作业，我们做了五十三篇阅读，练习了十几页的钢笔字，背了五十五首古诗，听了三遍三年级英语上册全文，读了七本沈石溪的动物小说，计划外，在妈妈的指导下学习了十种三年级奥数题。

反过来，我们把这些任务列在最前面，你是不是会感觉这些任务简直太多了。其实，当我们把很多的学习任务化整为零、循序渐进地积累的时候，你根本不会感觉到作业是一种负担，主要是因为它占据孩子的时间很少，大部分的时间都是他自由支配的。但是，如果你和孩子不去计划，这个假期很可能就是每天在提醒孩子做作业中度过的，和有计划地完成是不能相比较的。

第四，做作业时尽量不借助网络工具，让孩子独立完成。

随着人工智能技术的广泛应用，很多的搜题软件相继兴起。经常有家长问我："孩子一做作业就拿起手机，跟他（她）说不许用，孩子还说能帮助他（她）学习，到底该不该让孩子使用手机搜题？"

我的经验是，网络技术对于高中的孩子会有一定的帮助，很多时候找老师答疑确实不是很方便，但也只针对自控能力强、学习态度端正的孩子。多数的孩子使用手机都不仅仅是为了学习。而真正成绩好的孩子是很少有使用手机搜题的，因为他（她）使用课外的辅导资料，与老师的课堂笔记相结合，学习效率会更高。而对于低年级的孩子，就更没有必要了，学习更加要注重思考和理解消化的过程。在网上直接找答案，看似方便，实际上等于直接砍掉了他们去思考和查证的过程。

更普遍的危害是，这给了孩子使用手机的一个合理借口。而当他们拿起手机后，你再想管控起来，就太难了。很多家长在管控孩子手机时和孩子爆发了激烈的冲突，为了缓和矛盾，后来家长又向孩子投降。

因为手机而影响学习的孩子简直太多了，家长们一定要重视，从一开始就坚持不许使用的原则。

第五，必须让孩子自己检查作业。

我和孩子妈妈在孩子的作业方面犯过一个严重的错误，现在我把这个错误的经验和大家分享，希望您能有所借鉴，少走弯路。

孩子上二年级的时候，每次的作业批改，老师都会在作业本的封面上做好记录，分为优加、优、优减和良好几个等级。为了孩子的作业能够得到好评，我和孩子的妈妈在孩子完成作业后会帮助他检查，发现错误，再让孩子更正过来，所以，几乎一学期的作业，孩子都能得到"优加"。

发现问题是在期末考试的试卷出来以后，他的试卷分为100分的基础分和10分的附加题，那一次孩子的得分是97加10。问题出来了，对于难度大的附加题他做对了，可是考查基础知识的题目被扣了3分，而那被扣掉的3分，并不是因为他不会做。关键的问题还不是马虎，而是做完试卷根本就没去检查，如果检查了，很可能就会发现这个问题。

这个问题暴露以后，我和孩子的妈妈很是自责，因为孩子的惰性是我们给养成的，长时间代替他检查作业，让他有了严重的依赖性。我们的细心造成了孩子的粗心，我们的认真造成了孩子的不认真，这个被扣掉的3分，其实是在为我的教育方法减分。

我们把这次的扣分原因和孩子讲了，让他明白考试的时候爸妈是不能代替他检查的，让他理解自己检查的重要性，我们商量好，以后的作业都要自己检查。即使没有检查出错误，老师没能给好评，也要自己检查。

现在，他在第一遍做作业的时候就比以前更加用心了，因为，他担心自己检查不出来。

以上就是本节课的全部内容，希望对您有所帮助，我们下节课见。

4.如何激发孩子学习的内在动力

很多家长问过我这样的问题："仲老师，我家孩子不想学习该怎么办啊？"

我在教学中也经常遇到资质很好但就是不努力学习的孩子。你如果和他谈一谈，或许为了老师、为了家长，他能坚持学习一周或是一个月。还有的可能一点儿用都没有，他就是自己有一定的主意，在他的人生里，不存在"学习"两个字，特别让人生气。

这样的孩子，他们不主动学习的根本原因就是缺少学习的内在动力。而且越是大了，越不好扭转，因为大了之后，孩子的思想更加趋于成熟，不容易被外界的事物打动而改变他（她）以前的想法。所以，激发孩子学习的内在动力，要从小抓起，大了，可能就来不及了。

那么，如何激发孩子学习的内在动力呢？在这里，我给您提供三个有效的建议：

一、对于低年级的孩子，可以充分利用他们的上进心和好奇心，来激发学习的内在动力。

二、对于高年级的孩子，如果家境一般，还不知道努力学习，可以适当地在孩子面前展示一下生活的压力，从改善物质生活的层面，去激发孩子的学习动力。

三、在精神层面激发孩子的学习动力，使其学习的动力更持久。

第一个建议，对于低年级的孩子，可以充分利用他们的上进心和好奇心，来激发学习的内在动力。

孩子小的时候是上进心特别强的时期，他们很在意老师和家长的表扬。在这个时期，如果利用好孩子的上进心，根据孩子的闪光点加以正确的鼓励，并提出更高的要求，孩子是很乐意去完成的。也可以给孩子制定适当的小目标，当孩子完成了既定目标或者接近目标时给予适当的鼓励。

另外，低年级孩子的好奇心是很强的，为了弄明白一件事，他们不会嫌麻烦，如果您乐意陪他（她）一起去寻根问底，他（她）肯定会钻研得比大人还要细致。

我家孩子在二年级时，科学课上老师会讲一些简单的小实验，比如将水和食用油混合后，油还会漂浮在水面上。孩子回家后就要和我做这个实验，我陪他做完后，他还问我为什么，我就从密度的角度尽量用孩子能听懂的话和他说。后来我和孩子又做了电吹风吹乒乓球的实验，和他讲空气的流体力学；做简单的串联电路实验，和他讲灯泡发光的原理；做捕蚊灯实验，和他讲蚊子靠二氧化碳来寻找目标的原理。

现在，孩子对物理和化学方面的知识特别感兴趣，他对这方面的知识有很强的学习动力。

第二个建议，对于高年级的孩子，如果家境一般，还不知道努力学习，可以适当地在孩子面前展示一下生活的压力，从改善物质生活的层面，去激发孩子的学习动力。

有人可能会说，用物质追求的方式来激发孩子学习的动力，是不是太俗了，就不能有更高的追求吗？

首先，大多数人小时候都是普通人，长大后仍然是普通人，而这些占绝大多数的普通人长大后的主要责任就是挣钱养家。您告诉我挣钱这件事俗不俗，养家这件事俗不俗？

其次，多数人的精神追求没有物质追求来得迫切，对于一些人来讲，精神追求属于奢侈品。不是他（她）没有精神上的追求，是他（她）压根儿就没有追求的基础。

有人可能会说：现在不像以前那样吃不饱、穿不暖了，孩子啥都不缺。不像我们小时候。现在孩子就是考不上大学，也一样有吃有穿，所以学习也就不努力了。

我的一个朋友很不幸，在农村生活，有一个女儿。朋友的哥哥外出打工时，出了车祸，治疗花掉了十几万块。后来还被查出肝脏出了问题，治疗需要大笔的医疗费。像这种家庭里的孩子是不是应该早点儿懂事呢？俗话说"穷人家的孩子早当家"嘛！但是我朋友的孩子是一个大手大脚、花钱从来不问多少的小女孩儿，而且在高中阶段学习一点儿都不努力，爸妈还管不了，叛逆得厉害。

我还有两个亲戚家的孩子也是这个样子，家里条件都很一般，但是孩子一点儿都不知道努力学习。

我的学生中也有很多这样的孩子，在他们身上，你看不到一个高中学生应该有的担当。

所以，我对于这种情况的建议就是：你要让他（她）知道家里面的经济情况很一般，更要让他（她）知道很多人都是通过自己的努力，改变了自己的命运，如果努力的话，他（她）也可以做到。

一些家长的想法是让孩子安安静静地读书，生活上的事情不让孩子知道太多，父母再苦，在孩子面前也不流露出来。我只能说，可怜天下父母心啊！但是，您以为这样做，孩子就会感激，就会懂事吗？不一定，对于懂事的孩子，家长的这份关怀他（她）是能感受到的，学习也是努力的，但是对于学习不努力的孩子，他（她）其实是不能体会到父母的这份苦心的。

既然孩子不能体谅父母的苦心，那我们就把生活的现实摆出来，让孩子明白如果不努力学习，可能在未来的很长时间都要继续这样生活。要想改变它，只能靠自己努力。

千万不要穷家富养，导致穷人家的孩子养出一身富贵病。如果您说：我家条件也很一般，可是孩子就是不知道进取啊。估计就是大人很苦，但是没有苦到孩子，孩子没有感觉到生活的艰辛，又怎么会有痛感呢？

另外，我们把道理和孩子讲清楚，让他（她）知道自己应该怎样努力，才能对自己的未来更有帮助，这也是对孩子负责任。

贫穷其实并不可怕，可怕的是不思进取。

所以，如果可能，尽量带孩子出去走走，看看外面的世界，激发孩子对美好生活的向往。如果您能给孩子介绍一些通过个人的努力，最终在事业上取得很大成就的例子就更好了。其实当下的社会，如果您细心总结的话，就是一个知识改变命运最好的时期。今天和三十年前不一样，三十年前创业，只要头脑灵活些，敢闯敢拼，成功的概率就很大。现在创业，对知识和技术以及受教育程度的要求要高得多。也就是说，一个人要想生活相对富足，必须接受更好的教育。

孩子心怀理想，又拥有精神层面的引导，就更能激发出学习的内在动力。

第三个建议，在精神层面激发孩子的学习动力，使其学习的动力更持久。

一些在物质生活上相对富足的孩子，他们在基本生活方面没有后顾之忧，所有的一切爸妈可能都给准备好了，什么房子、车子甚至工作都给安排得妥妥的，有些爸妈甚至把孙子的房子都早早地准备好了。如果你有这样的爸妈，你多半也不会让自己学得那么辛苦。

这样的孩子我们就需要在精神的层面帮助他们建立更高的目标，一旦孩子有了精神上的目标，他（她）就能具有更加持久的学习动力。这种精神动力产生的促进效果是物质激励所达不到的，只是建立精神上的追求要困难一些。

我有一个学生，爸爸是本地小有名气的企业家，为当地解决了三千多个就业岗位。这孩子初中成绩特别好，到了高中后成绩每况愈下。和他聊天后我了解到，他对未来的生活没有一点儿方向，对家里的事业也没有兴趣，感觉考什么大学都无所谓。我建议他参加学校的模拟联合国社团，社团刚好有一个活动是邀请毕业的学哥来做报告。这位学哥毕业于北京大学，现在在北京大学的一个机构做科研，同时兼任联合国的一个职务。他报告中提到了两件事：一件是随联合国的一个工作团队去非洲参与援助建设，在这个过程中他接触了很多的贫困儿童，他们为这些贫困的儿童带去实物、图书和药品，又帮助他们建设了一所小学。回国后，他感觉到在联合国的这份工作特别有意义，希望更多的优秀学生也能参与进来。第二件是，他能走进联合国，和他毕业于北京大学有很大的关系，正是这个很高的起点，才给了他这样的机会。

我的这个学生听完报告后，就像变了一个人一样，从此起早贪黑地学习，成绩直线飙升，同学们看得目瞪口呆。但我知道，他是有了明确的目标。他想像那位学哥一样考上北京大学，学有所成，再去帮助那些需要帮助的人。

其实，我们平时很多人都低估了孩子心中的善良和对世界的爱。我对这方面的感触很深，每次开展关于这个主题的班会的时候，我都会看到、听到很多孩子发自内心的对世界的思考和对人的关怀。

在那个时候，我最能感受到作为教师的幸福。因为这不是为了应试，而是人对美好的最高级的向往。

以上就是本节课的全部内容，希望对您有所帮助，我们下节课见。

5. 如何引导孩子有效地学习

如果说激发孩子的学习兴趣是让孩子爱学习，那么，教给他们有效的学习方法就是让他们会学习。

孔子说过："工欲善其事，必先利其器。"

对于学习，如果掌握正确的学习方法，就能事半功倍。否则，就是事倍功半。这一反一正的效率对比，差的极大。

我经常会遇到家长这样问我："仲老师，我家孩子学习也挺用功的，怎么这成绩就是不见提高呢？"

我在教学中也经常碰到这样的现象：学生学习很刻苦，听课认真，习题刷了一本又一本，可是成绩就是不见提高。孩子的信心很受打击，对自己的学习能力产生了怀疑。

问题的关键就在于：他们没有掌握有效的学习方法。这里，我就根据学生们经常出现的问题，给您提供几个有效的建议：

一、重视基础，才会学得更轻松。

二、课上认真听讲，学习会少走很多弯路。

三、合理地安排时间，才能让学习效率最大化。

四、学会预习和复习，让学习有针对性，还能防止遗忘。

第一个建议，重视基础，才会学得更轻松。

俗话说："万丈高楼平地起。"学习的过程尤其要重视基础，这个基础包括学科的基础知识、基本方法和基本技能。基础知识比如语文学科的字音、字形、古文背诵、基本修辞手法，自然学科中的概念、定义、公式和定律、方程式，英语学科中的单词、语法和短语、句型等；基本方法比如分析法、等效替代法、类比法和逻辑推理以及归纳演义法等；基本技能包括准确计算、规范书写、快速记录和反复记忆等。

这些都属于学习过程中的基础内容，如果熟练地掌握了基础知识、基本方法和基本技能，学习就好比手握一件天下无敌的兵器，所向披靡啊！

相反，如果基础不牢固，那就只能打一枪换一个地方，杀伤力有限不说，关键是难成气候。

凡是成绩特别出色的孩子，都能对基础的问题烂熟于胸，无论你怎么考他（她），都难不住他（她）。而那些基础不牢固的孩子，就会感觉什么都会，但是什么还都记不太准。

我在每个新高一的开始，都会和学生打个比方。我说：基础知识就好比一张渔网，我们高中三年的时间其实就是在织这张渔网。而高考就好比打鱼，每一个学生就是靠这张用自己所学的知识织成的渔网去打鱼。知识如果有一个漏洞，渔网就会有一个漏洞，知识如果有许多漏洞，渔网就会漏洞百出。最终，漏洞最少的就打到了很多鱼，漏洞一般多的，会打很少的鱼，而漏洞太多的，很可能空手而归。

基本方法就好比打鱼的手法，熟练的老渔翁总会比新手有经验，他会知道怎么撒网才能打到更多的鱼。

基本技能就好比渔夫的体力，渔网再好，手法再娴熟，连撒网的力气都没有，肯定打不到鱼。

孩子们听了我的比方，都深以为然。

然后我和他们约法三章：

第一，认真听课，哪怕你是中考状元，也得谦虚地把头低下来，跟老师好好地学习,因为基本的方法都是老师在课堂上讲授的。第二,新课后先做基础题,把基础题做熟后,再适当地拔高,别好高骛远,因为简单题其实一点儿都不简单,基础知识的细致理解都要靠做基础的练习才能有效果。第三,做作业时不许用计算器,不许看书,不许查资料,把每一次作业当作考试来训练,这样,基本的技能就会有所提高。

我带出的清华、北大或港大的孩子,都是首先按照我的要求做好,才去拓展提升。因为他们的聪明就在于能够认识到基础的重要性,知道学习要懂规律、讲方法,而我告诉他们的就是最基本也是最有效的方法。

一些不懂方法的孩子对基础不是很重视,到书店买来厚厚的练习册,一本一本地做,结果忙得昏天黑地,累得死去活来,而成绩总是不见起色。

第二个建议,课上认真听讲,学习会少走很多弯路。

刚才谈到的我和学生"约法三章"的第一条就是认真听课。

在前面的课程中我也提到过,课堂是接受新知识最重要的环节。但是很多孩子都犯一个毛病,那就是课上不听课下补。从时间上来看,课下的补课时间肯定没有学校的课上时间多。从知识的系统性来说,老师的课程肯定会更加系统、科学。所以,课上不听、课下补课的孩子很少能有学习好的,因为这是舍本逐末、本末倒置的事嘛!

孩子上课不注意听讲,有这么几个主要原因:

第一是本身习惯不好,这就需要在孩子小的时候就帮助其养成好的听课习惯。让孩子在课堂上积极主动发言,是个很好的办法。第二是对学科的知识没兴趣,总是靠毅力才能坚持学下去,这种情况就需要孩子增强对这方面的了解和热爱。第三是孩子对学科的老师不喜欢,看见老师就困,老师一走就精神。这是典型的情绪化的人格特征,最难改变,只能引导孩子多注意老师身上的优点,少关注老师的缺点。这个问题从根源讲,其实是父母对孩子的娇惯造成的。孩子小的时候挑食,这也不吃,那也不吃,大人就专门给孩子做他（她）喜欢吃的；长大了后开始挑衣服，这也不好看，那也不好看，认为大品牌的衣服好看，爸妈就给买大品牌的衣服；再大一些，挑老师，这个教得不好，那个教得不好，挑来挑去，把自己的学业也挑没了。

这种挑剔的习惯真的不能惯，因为，到最后，能给孩子挑剔的就剩下爸妈了。我想问您一句：能换吗？

第三个建议，合理地安排时间，才能让学习效率最大化。

我有一次和学生们开了一次名为"努力在当下 做事有计划"的主题班会。

原因是很多孩子和我抱怨时间总不够用，每天晚上都是刚刚写完作业，甚至作业还没写完，就已经半夜了。什么预习啊复习啊，根本没有时间去做，每天都是在拼命地学习，简直累得生无可恋。而有一些孩子好像特别厉害，成绩很好不说，还有时间参加学校的各种活动，有的还能帮助老师分担一些管理任务，让人感觉特别神奇。他们是传说中的天才吗？

我让我的班长，也是我们年级第一名的常客，后来考入北京大学读书的，在班会上给大家分享他的经验。

他介绍说，刚刚上高中的时候，他和其他同学一样，疲于应对很多学习任务，苦不堪言，总感觉时间太少了。但是随后，他思考的是怎样能获得更多的时间。是减少睡眠吗？不是，因为这不是一个长久之计。

于是，他换了一个思路。在平时的学习中有计划地利用好零散的时间，化零为整。他每天晚上睡觉前会把第二天最紧要的预习任务放在洗漱池旁。这样，刷牙的时候就会同时预习；他把不熟练的单词和短语录成语音，在上学的路上一边听一边背；他甚至把很难背诵的《琵琶行》分段录成语音，设置成早上的闹钟铃声；他还把简单的习题都放在一起完成，这样避免被一道难题耽误更多的时间……就这样，他每天比别人能够多出两个小时左右的学习时间，可以有效地保证预习和复习。所以，效率得到了很大提升，学习的效果也非常好，这样，就进入了一个良性循环。

他介绍完以后，同学们都报以热烈的掌声和钦佩的目光。因为，他们知道了这个大家眼中的天才，只是在时间的规划和利用上做得特别细致，而这份细致是自己以前从来没有想到的。

所以说，天才其实很少，更多的成功都是源于一个人对自己的精细化管理。一个好的自我管理者，很可能是一个优秀的学生，也很可能是一个优秀的创业者。

第四个建议，学会预习和复习，让学习有针对性，还能防止遗忘。

我们前面讲过，听课是孩子学习过程中最重要的一个环节，但这不是孤立的，若想要学习效果最优化，还需要注重预习和复习。

预习的作用是简单地了解、熟悉课程的知识点以及知识的关联性，对即将要学的新课程有个大概了解。最为关键的是能在预习的过程中发现课程的重难点，从而在听课的时候加以注意。

我经常和上课注意力不集中或者容易犯困的孩子介绍经验，我告诉他们："最有效地防止课堂'溜号儿'和睡觉的方法有两个：一个是积极主动地思考、回答老师的问题，另一个是课前预习，了解新课的重难点，听课时做到有的放矢。你想啊，如果你事先知道老师正在讲或即将要讲的内容中就有你不明白的知识点，即使你再怎么困，可能也会坚持的啊。"

所以我的学生在我的课堂上的听课率都是很高的，很少有课堂"溜号儿"或睡觉的。我想，这大概就是他们相信了我告诉他们的方法，并且用得很好。

还有一个常见的问题，那就是，学得很慢，忘得挺快。

人和人的记忆力是有差距的。有些孩子天生记忆力好，过目不忘，有些孩子看几遍都记不住。对于记忆力不好的孩子，防止遗忘最好的办法就是反复地复习。经常刺激大脑的记忆神经，就能将短期记忆变成中期记忆，甚至是长期记忆。在记忆这个方面，多半是没有捷径可走的，不管采取什么样的记忆方法，终究还是要遗忘的。只有下了真功夫，反复地复习，才能让记忆更加牢固。

以上就是本节课的全部内容，希望对您有所帮助，我们下节课见。

6. 如何指导孩子做好时间规划

《礼记·中庸》中有一句话，叫作"凡事预则立，不预则废"。大意是：做任何事情，如果做好了准备和计划，就会成功，否则就会失败。

学习也是如此。而在所有的学习规划中，最重要的就是时间规划。

我教过的所有优秀的学生都有一个共同的特点，那就是特别善于做好时间的规划。

现在就读于中科大的一个孩子，在这方面做得特别好。他在学校学习时有一个细节让我印象特别深刻：每天早自习我到班级陪伴孩子们晨读的时候，在他的桌子的右上角都会看到一个小便签，上面细致地罗列出他早自习要做的事情，时间精细到每分钟。

比如他写道：

7：00-7：10 背前一节课的英语单词。

7：11-7：15 做上一节物理知识点梳理。

7：16-7：25 做上一节化学知识点梳理；默写方程式。

7：26-7：30 预习第一节课数学新课内容。

你看，在短短的30分钟的早自习时间内，他把任务具体到四个学科中的五项任务。你不要小看这个简单的时间规划，它至少说明了这样几点：第一，这个孩子头脑清晰，学习态度积极，对学习的任务心中有数；第二，这个孩子懂得学习方法，他的早读内容中多数是记忆性的学习内容，很好地利用了早晨这个记忆的黄金时间；第三，这短短的30分钟里，他高效地完成了预习、复习和总结这三个学习的关键环节，这是对听课环节非常必要的补充。

当我中午到班级陪伴他们午自习的时候，我还会在同一个地方看到另外一份关于下午两节自习课的学习时间规划，晚自习前，他又更新了一份晚自习的规划。我核实过，他晚上回到家里，在学习之前，还会结合近两天的学习内容，再拟一份学习计划。

所以，这个孩子考上中科大是水到渠成的事情。

但是，能够把时间规划做得这么好的学生少之又少。这主要是因为我们没有给孩子养成做规划的习惯，他们没有尝过计划性学习的甜头。所以多数的学习内容都是很随机的，想到哪里就学哪里，老师留什么作业就做什么作业。学习没有太大的主动性，不善于做规划，很多零散的时间被白白地浪费掉了。

那么，家长应该怎样指导孩子做好时间的规划呢？在这里，我给您提供几个有效的建议：

一、做规划要从小培养。

二、用目标做导向，制定短期、中期和长期的时间规划。

三、规划要有很强的可操作性和科学性。

四、进行必要的自我分析，让计划更有针对性。

第一个建议，做规划要从小培养。

计划是一种方法，更是一个好习惯。

习惯都是越早培养，效果越好。孩子大了以后，做事的风格和习惯都已经定型了，不太容易让习惯扎根到他（她）的内心深处。

很多孩子小的时候都有做作业磨磨蹭蹭的毛病，自己该做什么心里一点儿数都没有。很多家长也都经历过循循善诱、严厉警告、大声呵斥、气得发疯和基本放弃这五个阶段。

现在，您可以尝试一下和孩子一起制订计划，把放学后的时间安排按照孩子愿意接受的方案让孩子自己制作一个表格，注明日期、计划完成的时间和学习的内容。下面和您分享一下我的孩子读小学四年级时的晚上时间规划表：

从 4 点到家以后开始

4：00—5：00　自由活动：吃水果，读课外书，玩玩具，打篮球。

5：00—5：50　完成学校的书面作业。

5：50—6：30　吃晚饭，休息。

6：30—7：30　完成学校的其他作业，包括背单词，练听力，制作手抄报，之后整理书包。

7：30—8：20　机动时间：如果作业太多，可以继续做；作业少，可以练字或做数学的课外习题；练习吉他、读书等。

8：20—8：40　一边洗漱，一边听古诗词或音频的课外知识，然后睡觉。

这份学习时间表是孩子和我共同商讨制定的，在里面我们兼顾了学习、体育活动、读书和吉他练习，设置了弹性的时间，也设置了利用零散时间的内容。开始的时候，孩子还有些不适应，没有时间观念，有时总会忘记时间。经过我的反复提醒，慢慢地，我很少再追着他去叮嘱该去干什么。我省了很多心，孩子的学习时间也规范了很多。

今年暑假开始，他自己制订了一份假期作业的完成计划，并且执行得很到位。

第二个建议，用目标做导向，制定短期、中期和长期的时间规划。

我们制定所有的时间规划，都是为了完成一定的任务。比如提高学习的效率，取得成绩的提升，或者锻炼自律的能力。这些目标是我们追求的结果，同时是制定时间规划的导向。在制定规划前，一定要先引导孩子把目标确定好。这样，真正执行起来才会有持久的动力，才能够严格地要求自己。

这个目标不是简单的一个愿望，它应该是由一个总的目标和几个细分的小目标共同组成。总的目标用来指导长期的规划，小目标用来指导中短期的规划。

科学的规划都是由短期规划、中期规划和长期规划组成的。时间的规划也是这样。

比如每一天的日常学习，对应的就是短期的时间规划，每一周的学习对应的就是中期的时间规划，而到了寒暑假，孩子就需要制定一个相对长期的规划。更长时间的规划，对于孩子的学习，意义不是很大。但是目标的规划可以制定更长的时间周期。

孩子制定时间规划应该先从短期的规划着手，容易制定，也方便执行。更重要的是，短期的规划也方便家长监督。

第三个建议，规划要有很强的可操作性和科学性。

我在教学中常会碰到制定跨越性目标的学生。比如在期中考试中成绩不理想，考到班级 30 名。孩子可能就开始发奋图强，信誓旦旦地表示：下次期末考试，一定要冲进班级前五名。

于是开始计划每晚学习到凌晨一点。他以为学到后半夜就能考个好成绩了。很多实例表明，这就是一个特别愚蠢的时间规划，不但成绩不能进步，很可能还会退步。

为什么呢？这是一种典型的自我安慰式的学习法。你想啊，如果是你，每天的睡眠都不足，上课不打瞌睡吗？肯定要困的呀，你只要上课睡着了，十分钟很快就过去了，而这十分钟内老师讲授的知识，你在课下可能花两个小时都学不会啊。你熬的那个黑眼圈都是在补这睡着的十分钟啊。如果你每天晚上都是一点钟睡觉，你上课睡十分钟够吗？肯定不够啊，那你熬到后半夜还不够，得学习到天亮才可能补上睡去的几节课。

所以说，时间规划一定要有很强的可操作性和科学性。

那么，什么样的规划才是科学的呢？

荀子在他的《劝学》一文中讲过："不积跬步，无以至千里；不积小流，无以成江海。"

这说的就是累积的力量。

孩子如果能够懂得累积的道理，感受到累积的力量，就会对当下的小事更加认真，在他（她）的短期规划中就会更加地注重积累，不会好高骛远，制定不切实际的目标。

我在教学中发现一个普遍的不太科学的学习现象，就是"前松后紧"。这个现象在小学、初中和高中都很普遍。什么是前松后紧呢？以初高中学生为例：很多孩子在初一和初二都不是很用功，直到初三才紧张起来，和初一、初二相比，学习的劲头简直天差地别。这是因为中考有升学的压力。而到了高中，这种压力在短时间内消失了，孩子高一、高二就很松懈。他们以为高考和中考一样，只要努力一年甚至几个月就能金榜题名。但是，高考成绩是很残酷的，很多人都追悔莫及。可是，时间就是一去不复返啊！

所以我经常和孩子们说：人生有很多事情都可以重新来过。工作没找好可以再找，对象没处好可以再谈，因为这些事情都是没有年龄限制的。但学习不是，它只能在特定的时间段完成这个阶段的教育，顶多能给你一个复读的机会，但那也是要付出很大代价的。多数的孩子，在心理上都不愿意接受复读，将就着去了一个不太理想的大学。

为什么会出现"前松后紧"的现象呢？根本原因，还是孩子的学习缺乏科学规划。而这个规划是属于对整个中学阶段学习任务的一个整体计划，属于有效的长期规划。我们很有必要和孩子共同商讨这个规划，首要的目的就是避免前松后紧式的学习发生在孩子身上。

第四个建议，进行必要的自我分析，让计划更有针对性。

有针对性的计划可以让孩子在学习的过程中补足短板，实现整体的最优化。

我曾经的一个学生，所有的学科都是年级第一名。高一的时候做英语高考真题，就能得到145分以上的成绩（150满分）。数学、物理、化学也都是极其优秀，就是语文学科总是在100分以下。这个学生如果语文成绩能进步到125分，考清华大学是很有把握的。

基于这个问题，我和孩子一起请教语文老师，和语文老师共同制定了一个系统的短中期的学习规划。包括每天做一套阅读理解，一周写两篇作文，多读书，每天晚上做基础知识的归纳整理，一周做一套高考真题。

这个孩子自制力很强，都能严格地按照计划完成。高一结束的期末考试，语文成绩虽然没有达到125分，但是已经位列年级第五名。

三年后的高考，他的语文考了127分，总成绩超过清华大学录取线9分，成功地被清华大学录取。

每个孩子的个人情况都是有差异的，别人的计划再好，不一定能够适合自己的孩子。个人的计划，还是要根据自身的基本情况自己来制定，才会更有针对性，学习起来才会收到意想不到的效果。

以上就是本节课的全部内容，希望对您有所帮助，我们下节课见。

7. 如何纠正孩子的假努力

这节课，我们来聊一聊"假努力"这个话题。

假努力已经成为很多孩子学习上的障碍，可是很多家长和孩子身在其中，浑然不知。那么，什么是假努力呢？下面我通过一个孩子的案例给大家介绍一下典型的"假努力"行为：

我的班里有一个小女孩儿，这个小女孩儿学习很认真，但是每次的考试成绩都不是很理想。孩子的爸爸找我求助说："仲老师，我家孩子平常很努力，经常学习到半夜，为什么成绩总是提不上来呢？"

我也觉得挺奇怪的，因为在课堂上孩子听课状态也是很好的，从来不说话，也不"溜号儿"。我觉得还得再仔细地观察，就和孩子爸爸说："这样吧，咱们再观察一下，您负责观察孩子在家里的表现，我注意观察孩子在学校的情况。"

经过一段时间的观察，我发现了这个孩子的问题所在：在学校上课时，不管老师在讲课，还是板书、提问，这个小姑娘都在记笔记。

她成了课堂上的一个"书记员"，而不是一个课堂的参与者。

而孩子的爸爸也观察到，她每天回到家，就会用一个本子，把白天每一科的笔记再整理到这个本子上，直到深夜。

看到这儿，相信大家明白什么是假努力了。这个女同学确实很勤奋、很努力，但事实上，由于方法不得当，她的行为，对她的成绩提高没有多大的帮助。

"假努力"是一种特别低质量的学习行为，而且我们很容易被这种行为蒙蔽住。它的表现有两种：一种是肢体懒惰导致的上课不爱动笔计算、练习，喜欢用脑子想，这样的孩子开始的时候成绩会不错，但随着课程难度的加大，成绩会慢慢下滑，直到跟不上；另一种是用脑懒惰导致的机械做笔记、刷题，遇到问题不"走心"、不琢磨，这样的孩子学习会越来越累，到后来筋疲力尽，而成绩也总是平平常常。

那么，怎样纠正孩子的"假努力"呢？在这里，我给您提供四个有效的建议：

一、引导孩子学会独立思考，懂得什么是真正的勤奋。

二、教会孩子在正确的时间做正确的事。

三、在学习上，父母要从近距离陪伴过渡到远距离监督，让孩子由陪伴学习向自主学习转变。

四、家长可以通过经常检查作业发现问题，及时纠正孩子的懒惰行为。

第一个建议，引导孩子学会独立思考，懂得什么是真正的勤奋。

学习这件事，是特别讲究方法的。不懂得学习方法的孩子，在这个过程中吃了很多的苦头，可是到头来结果是不尽如人意。

我有一个学生是这方面做得最差的一个，现在把他的错误方法分享出来，我们一起引以为戒。

这个孩子是典型的功夫型，每天的作业如果做不完绝对不会睡觉。而他做作业的速度又比较慢。我开始发现他的问题是在课堂上，他总是能够在任何时间、任何学科的课上，坐在那里就睡着了，而且总是保持着一副正在学习的姿势。为什么会这样呢？因为他并不是因为偷懒而睡着的，他是在学习的时候，实在没精神、实在挺不住而睡着的。

因为上课睡觉，很多重要的知识他都没有听到，做作业的时候会花费比别人多几倍的时间，经常学习到后半夜一两点钟。

这样，虽然他累得要命，可是成绩一落千丈。我和孩子的爸妈多次沟通，让孩子晚上早些睡觉，作业做不完我可以和任课教师沟通，给孩子一段时间缓冲，允许他不完成作业。可是这个孩子特别犟，不做完作业坚决不睡觉，然后缺的觉就在课上补。

这样的"努力学习"一直持续到高考，可以说他是我们班睡觉最晚的孩子，可是高考在我们班位列倒数，只考上了一所普通的"985"大学。而他双胞胎的哥哥，在高考中比他多考了80多分，被复旦大学录取。他的哥哥每晚从来没有超过12点休息，但是白天的听课效率要比他高了很多。

我们在孩子小的时候，要培养他们勤奋学习的精神，但必须教会他们独立思考，懂得什么样的勤奋才是有效率的。课上不学课下补，是一种典型的"假学习"行为。孩子在家每晚都熬到爸妈心理上允许的时间睡觉，每天都是在为爸妈学习，而自己的脑子里根本没有一点儿计划，这也是很典型的"假学习"。如果不做好引导，时间长了，再想真学习的时候，都不会学了。

第二个建议，教会孩子在正确的时间做正确的事。

我开始讲的只会做笔记的孩子，其实就是没有抓住学习的主次，不管是上课还是在家，她所有的时间都用来做笔记。这种学习的方式更多的是给自己一个心理上的安慰和获得一点儿成就感，但是不考试还好，只要一考试，她的学习效果就露馅儿了。

这样的孩子我们必须指导他们在正确的时间做正确的事：上课主要的任务是听课，课间主要的任务是休息，回家在做作业之前要先看一遍知识要点，回顾一下课上老师强调的重难点。周末再适当做一下自我测试，在大型考试前把前面讲过的知识要点做下重点回顾，这样可以提前查找知识上的漏洞。像这样系统地、有规律地学习才是正确的学习方式。学习的方式对了，孩子可能会比别人少付出一些，多休息一些，有更多的时间去休闲、运动，在除了学习以外的其他方面有更多的收获。

关于笔记这件事，我再多说一些：做笔记确实对学习是有帮助的。但是，有的孩子适合做笔记，他（她）做笔记的速度特别快，而且一点儿不影响听课，关键是回家以后他（她）能利用好笔记，会更加认真地回顾笔记中的知识要点，从而在知识层面把基础打牢。而有的孩子就不具备课堂做详细笔记的能力，可能是因为字写得慢，也可能是他（她）不能在做笔记和专心听课上做好兼顾。像这样的孩子就要学会只记录课堂的要点，抓最主要的知识记录，其他的精力都要放在听课上面。我们每一届的高考状元都会在高考后卖自己的状元笔记，我们班的孩子以前一本笔记最高卖过500元的高价，但我没听说哪个孩子因为买了状元笔记而在成绩上有很大提升，因为学习这件事真的是因人而异。

但是孩子在小学的时候，还是要认真培养做笔记的好习惯，比如在书上简单地记录老师强调的重点，因为这确实是一个良好的学习习惯。

第三个建议，在学习上，父母要从近距离陪伴过渡到远距离监督，让孩子由陪伴学习向自主学习转变。

每个孩子小的时候都少不了在做作业的时候，让爸爸或妈妈陪在身边。这在孩子低年级的时候确实是非常必要的，写字的姿势、作业的认真程度和很多学习的毛病都需要爸妈发现并及时纠正。但是这也有一个副作用，就是容易造成孩子的依赖性。

我们现在很多的孩子在小学和初中的时候只有在爸妈的监管下才能学一点儿，如果爸妈的监管稍微放松一下，孩子的成绩就会迅速地下滑。

等到孩子上高中时，他们就会对爸爸妈妈的监督产生逆反心理，经常会一个人在屋子里学习，把房间的门反锁上。这时，孩子在屋子里做什么，大人根本就没办法掌控。更关键的是，孩子小的时候，一直是爸妈给安排学习任务：数学学没学？语文作业做没做？英语单词背没背？现在等到一个人自己独立学习了，他根本没有计划，多数时候都是被作业追着跑。有时一个人在房间里发呆就能度过一个晚上，这都是典型的"假学习"。有些家长花钱把孩子送到自习室学习，甚至在自习室安装监控，以随时掌控孩子的一举一动。但是，家长监控的只是孩子的表面，至于能否真的学习，家长根本就不知道。

所以，在孩子四年级以后，家长就要有意识地由近距离陪伴过渡到远距离监督。让孩子在小学阶段就培养独立学习的能力。等到他大了一些，就会自己制订计划，自己做检测，自己复习，自己管控学习上的一切。这种过渡正常情况下需要持续到初中一年级。

第四个建议，经常检查作业可以发现问题，及时纠正孩子的懒惰行为。

每次考试后，一些成绩下滑的孩子的家长就会给我发信息，大意是问：孩子在课堂上表现怎么样？说课下给孩子也没少报辅导班，有的科目还报了竞赛班，孩子成绩下降是什么原因？

我一般都把近一个月的作业内容和家长介绍一下，建议家长检查一下孩子的作业。这以后，给我发信息的家长就安静了很多。为什么呢？

我的一个学生，高一上学期的周测试只考了54分，然后我在课堂上发现有的时候他连学案试卷都是用同桌的，自己的都已经找不到了。而这份学案试卷是前两天下发的作业。这种情况经常发生在这个孩子的身上。您想啊，作业都经常不做的孩子，能学习好吗？

作业在学习的各个环节中的作用，仅次于听课。而我在教学中看到的是近三分之一的高中学生都有不愿意完成作业的坏习惯。这还是在全国排名前十的高中，其他学校的孩子，这个现象会更加严重。

所以，对于初高中的孩子，您要监督孩子的作业：第一，保证按时完成；第二，保证高质量完成。这样，孩子在家里学习的情况，您就能够把控得很好。

以上就是本节课的全部内容，希望对您有所帮助，我们下节课见。

8. 如何帮助孩子做好学业规划

这节课，我和大家聊一聊如何帮助孩子做好学业规划。

职场上的人们很注重生涯规划这件事情。因为有针对性地对自己的优势和劣势进行分析，融合自身的职业期待和教育背景，对未来的一段时间内的职业发展有一个清晰的设计，不仅可以调动自身工作积极性，还可以最大化地发挥个人的优势，从而提高职业发展的效率。

把时间线往回退一下，如果孩子在求学的阶段，家长就能够瞄准未来的发展方向，结合孩子职业生涯的愿景，为他们早些做好学业规划，就很可能帮助他们迈过学业发展的一些盲区，少走很多弯路。

下面，我将主要在帮助孩子做好学业规划的学科倾向这一方面，给您提供六个有效的建议：

一、无论"学文"还是"学理"，数学都必须要学好。

二、打算出国的孩子，要提前在英语上下功夫。

三、理工科中大部分专业都需要扎实的物理学科基础。

四、语文学科会越来越受到重视，顶尖的学生，高考成败主要看语文。

五、孩子在高中"选择文理"的时候一定要考虑清楚。

六、本科的专业选择基础性学科，未来出国或考研时才有更多的选择权。

第一个建议，无论"学文"还是"学理"，数学都必须要学好。

和大家说一个我曾经送走的毕业班高考报考时和以往的变化。在往届的优秀孩子中，很多理科思维特别好的孩子，一般喜欢报考机械工程、电子信息以及通讯工程这类纯工科的专业。但是近年来有了很大的变化——有很多孩子选择了数学专业。为什么呢？

原因是这样的：从现在科技的发展方向来看，人工智能在外行人看来好像更偏向计算机技术。但内行的人都知道，人工智能中需要的大数据和算法那是实打实的数学知识啊。所以说，人工智能的前景有多么广阔，数学专业的高端人才就有多么紧缺。但是很多家长，对这个变化的反应还不是很快。

数学专业受欢迎的另外一个原因是，在本科或者研究生阶段有出国打算的孩子，本科如果学的是数学专业，出国时选专业或改专业是比较容易的。因为数学本身是一个工具学科，而且这个工具应用的范围是相当广泛的，计算机、理工类、经济类都需要很强的数学功底。

除了面向未来的考虑，即使仅仅从高考的角度，无论学习文科，还是学习理科，高考都要考数学的。即使现在很多省份高考已经进行改革，但是数学仍是必考科目，是没有选择性的。

第二个建议，打算出国的孩子，要提前在英语上下功夫。

现在很多的家长在考虑把孩子送到国外接受本科教育，甚至还有的家长在孩子高中或是更早时就把他们送到国外。我的看法是，基础教育阶段如果家长不能在国外陪伴孩子，最好还是等到读本科时再出国。因为，再好的教育也没有家庭教育重要。况且，国内的基础教育也有很多优点。如果是为了逃避高考，选择出国则是最坏的打算。最后你会发现，孩子就业时回到国内，结果还是处于待业的状态，因为他本身的能力没有提升上来啊。

对于已经做好出国打算的孩子，最大的出国障碍就是英语了，而且出国后的学习环境都是全英文的，对于英语不好的孩子，出国简直就是遭罪啊。

学习英语的黄金时间是小学和初中，因为高中的课程任务加大了，能分给英语的时间会很少。另外，英语的学习也要注重听和说，在笔试上倾向于雅思和托福。因为雅思和高考英语在能力侧重上是不一样的。

第三个建议，理工科中大部分专业都需要扎实的物理基础。

我在每次高中物理的第一课中都会和孩子们介绍学习物理的好处：第一个是能给智商充值，第二个就是高考报考的专业比较广泛。

物理这门学科在初中阶段就让很多孩子头疼，到高中更是让很多的孩子"痛不欲生"。其实，关键是孩子没有掌握这个学科的学习方法，另外一个就是平时对生活中的事物缺乏观察。这门学科如果想学成顶尖的水平，确实需要很好的智力条件作为保障，但是对于高中物理，如果能够重视基础，坚持学习，这块硬骨头是能够啃下来的。否则，在将来选择发展的专业时，凡是和物理沾边的专业，基本都得躲过，因为孩子在心理上就已经"投降"了。

要学好物理还有一个重要的原因，那就是物理学科中运用的一些研究问题的方法，比如控制变量法、等效替代法，真的可以有效开拓孩子的思维。我和学生们说的"学好物理是可以给智商充值"可是真的哟！

第四个建议，语文学科会越来越受到重视，顶尖的学生，高考成败主要看语文。

在小学和中学阶段，学校的课时安排最多的就是语文学科。但是语文学科也是孩子们最容易忽视的学科，很多孩子选择在语文课上睡觉，养足精神再去学其他学科。为什么呢？主要的原因是语文这个学科需要慢慢地积累，才能有较好的效果。如果只是努力学习几个月或者半年，可能在成绩上没有什么进步。反过来，语文课睡上几节，感觉也影响不大。即使睡上一学期，下学期也是一样能够跟得上，不存在听不懂课的问题。这就导致了孩子对语文学科的轻视。

我要告诉你一个现象：高考时，一般水平的孩子的成败主要看综合试卷，优秀的孩子在综合卷优秀的同时主要比拼数学，而顶尖的学生在综合和数学优秀的同时，主要比拼的是语文的成绩。有经验的老师，在培养以清华、北大为目标的孩子的时候，都会特别地注重语文学科的成绩。

虽然，很多孩子不会定这样一个高目标，但是，从近几年的高考导向来看，语文学科的难度正在逐渐加大，未来，语文学科中考查的阅读能力很可能拓展到其他学科，比如，一张数学试卷的文字量可能是现在的三到五倍。

所以，从小开始注重孩子的语文学科素养的培养，就显得特别关键。

从当下的社会环境来看，为优质内容付费也是人们乐意接受的消费和学习方式。写作和阅读也将要成为一个受过教育的孩子的基本技能。而这两项技能的培养，除了家长的引导，语文课堂也是一个主要的阵地。

第五个建议，孩子在高中"选择文理"的时候一定要考虑清楚。

随着高考改革的推进，文理分科逐步被选科替代。但是选科其实也是更为合理的另一种形式的文理分科。只不过个人的选择权会更加灵活一些。这里我仍然以文理分科为例，提醒家长注意不要过于功利性地选科。

我曾经的一个学生理科思维特别不好，高一时物理还勉强能够跟得上，到高二时，她上课时的那种"痛不欲生"的表情，让我很是难受。我问孩子的家长：为什么没让孩子学文呢？家长说学文不好就业，家里的人都认为理科好就业。就这样，孩子度过了痛苦的三年，高考后报考的是经济类专业。报考经济类的专业是不限制文科理科的，如果早有这个打算，孩子就会避免去学习她不擅长的理科，可能高考时会有一个更好的成绩。最关键的是，孩子失去了三年的快乐时光啊！

所以，家长在指导孩子选科时一定要注意两个原则，第一是选孩子感兴趣的学科，第二是选孩子擅长的学科。

第六个建议，本科时的专业选择基础性学科，未来出国或考研时才有更多的选择权。

在刚刚的第一个建议中，我提到了学好数学的一个优势是出国或考研会有更多的选择权。但是有很多孩子就是不喜欢数学，甚至不是不喜欢数学，而是基本没有什么专业是他（她）喜欢的。这样的孩子在高考报考的时候，我们有一个最好的办法，就是先不去选择具体的细分的专业，比如口腔医学、会计学。因为孩子现在的想法很不成熟，他（她）对专业包括职业都没有清晰的认识，匆忙地选择一个专业后，孩子再想改专业一是很困难，二是本科时的专业和研究生时的专业如果没有一点儿交集，换专业之后，本科的学习也就算是白费了。

所以，这样的孩子我们应该指导他（她）报考最广泛的基础学科，比如物理学、数学、化学这类学科，这样在考研时自己可根据本科四年眼界的增长和对个人更清晰的学业规划来重新选择专业。

还有一个办法，我们现在很多高校在招生时都是按照大类招生，比如浙江大学、吉林大学、北京理工大学、北京航空航天大学等，但是，分大类招生的一般都是比较好的"985"高校，如果孩子的成绩不够理想，还是给他（她）选择基础学科比较合理，以免孩子上大学后对专业不满意，转也转不了，在学习上混一天算一天，采取消极的学习态度。

以上就是本节课的全部内容，希望对您有所帮助，我们下节课见。

第五部分

教育角色的认知

1. 您当孩子是一棵小树苗还是一块木料

您当孩子是一棵小树苗还是一块木料？

我们先来对比一下小树苗和木料的区别：小树苗有生命，每个寒暑都会有所长进，每个季节都会呈现各种神采，木料没有；小树苗扎根土壤，享受阳光雨露，木料没有；小树苗未来可能长出各种形态的枝叶，而木料一旦被雕琢完毕，此生已成定数。

现在我们郑重地做一个选择：您愿意您的孩子是一棵小树苗还是一块木料？

这个选择太重要了，它决定了未来或现在我们陪伴孩子时的心态、教育目标的确立和教育方式的选择。

相信很多人会选择把孩子当作小树苗。那么，现在我们看看自己：您的手里是握有一把灌溉用的水壶还是雕刻用的刻刀？如果是刻刀，请您放下它。

有人已经分不清手里握的是刻刀还是水壶。现在，我们一起来看看典型的刻刀是什么样子。

第一刀：按照自己的主观意愿培养孩子。

曾经遇到这样一个孩子，在高一时语文、英语及人文学科成绩均是上等，只是抽象思维和逻辑思维不是很好。高一年级下学期文理选科时，无论是按照孩子的个人意愿、学科能力还是任课教师的平时了解及未来建议，都应该选择学习偏文的学科。但是，家长的理念是文科不好找工作，理科发展的方向比较宽广。结果，家长无视孩子的强烈反对，依然强制孩子选择了理科。后来，我在物理课堂授课时最大的痛苦就是看到她已经拼尽全力地去理解抽象的物理模型却依旧懵懂的痛苦表情。这个孩子在高一时物理能考60多分，高二40多分，高考前夕20多分！她是带着极大的恐惧走入高考考场的，而我想问的是，高考过后呢？

第二刀：违背孩子的成长规律。

儿子读二年级时有个同住一个小区的玩伴——琦琦。因为孩子的关系，我们家长也渐渐熟络。琦琦爸爸说起一件事情，令他感到特别后悔。琦琦自一年级开始学习围棋、钢琴和英语，每晚都得将近11点方能睡觉，结果现在琦琦看起来比同龄人都要矮小许多。后来为了长身体又报了篮球班，这样孩子的休息时间更加不够用，恶性循环，孩子更显单薄。好在二年级时及时修正，停掉了耗时的钢琴课，围棋课也删减了节数，现在能够保证每晚9点之前入睡。

在当下，家长们为了孩子将来在升学和就业中能够获得领先优势而抢跑已经是一个普遍现象。六年级学习初一的课，初三学习高一的课，高二已经开始高三的总复习。孩子的课外时间不是在补课班上课就是在去补课班的路上。没有球场上的满头大汗，没有小伙伴在一起的叽叽喳喳。初中都毕业了，没堆过雪人，没放过风筝，不会任何一种体育活动的孩子大有人在。高一、高二时很多孩子最喜欢的课就是体育课，而我在班级体育课上经常看到两种场景：一种是不会任何运动而无法融入游戏集体的学生，他们的体育课就是在操场上散步；另一种更是极端，干脆请假不上体育课而在教室里上自习，把体育课当作弯道超车的机会。大人们提前把孩子带入了人生的赛道中，磨掉了孩子创造性的思维，也磨掉了他们对生活的热爱。

我们很多家长会说，社会竞争这么激烈，好一点儿的招聘单位已经把学历基本条件提高到硕士，还得是名校硕士，不这样拼怎么能让孩子有一个好的未来？的确，如果是沿着考名校找工作的途径，这种思维是正确的。但是，您有没有发现，即便沿着这条路，拼尽全力也不一定能保证孩子有一个好的未来，因为高质量的学业对个人的智力水平要求是很高的。这里我们需要共同感受一下什么是一个好的未来：高校教师在很多人眼里是一个理想的职业。可很多人不了解的是，现在高校教师入职的学历要求已经是博士，还要有海外留学经历。入职后，激烈的晋级压力让老师们夜以继日地忙着课题项目而无暇照顾家庭，很多资质平平的人，人到中年依然只是讲师职称。收入与学业投入差距大，工作后竞争压力大，部分高校教师的幸福感很低。但若是能够胜任，就另当别论了。其他职业，比如著名医院的名医生、大公司的技术经理大抵如此。首先是能力胜任，其次是个人喜爱，这才是好的。通过外力获得了超越自身能力的岗位，即使得到了，也是负担。这里涉及一个教育目标适合性的问题，适合的才是最好的，您所见的别人的好未必是自己孩子的好。引导孩子从事一个适合自己的行业，争取一个适合自己的岗位，才是最好的未来！

这好比一棵小树苗，有的能够成为栋梁之材，有的可能成为公园里的一处景观，有的平时没有什么大的用处，洪水到来时却能屹立不倒，成为落水者的生命之舟！

而无论如何，它是有生命的，这才是最重要的！

有些人说，我从来都是把孩子当作小树苗的，因为我总是让他（她）自然生长。孩子的大部分事情都是自己做主，我们家长只管工作，给孩子提供一个充足的物质保障。

这是典型的懒惰型家长，以开放教育、民主教育、解放天性教育的名义推脱自己的责任，完全无视孩子在成长过程中每天都会遇到的、需要家长帮助才能渡过的困难。把孩子当成一棵小树来培养，看似简单，其实它有更高的要求，它需要家长的智慧、耐心、情感的投入。现在，我们一同来审视一下自己，看看我们是不是一个好的园丁。

您有没有给孩子养成良好的卫生习惯和行为习惯？

您有没有为了孩子有个健康的视力，经常关注孩子的书写姿势及控制孩子使用电子产品的时间？

您有没有关注孩子的书写，并及时纠正？包括汉字、英文字母和阿拉伯数字。

您有没有经常陪伴孩子打篮球、羽毛球或踢足球，并在活动中教给孩子简单的动作，以及如何与队友合作？

您有没有陪伴孩子一同读书或耐心地倾听孩子讲解书中的故事？

您有没有经常关注孩子在学校发生的事情？

您有没有按照自己的意愿给孩子增添校外辅导，而不是从孩子的兴趣出发？

您是不是把孩子教育的事情都留给了学校以及补课班，认为成绩下降就是老师没教好或者没有补课？

您有没有在孩子课业不够优秀时暴跳如雷？

如果以上情形您平时没有做得很好，现在，您需要及时调整了。

如果您做得很好，祝贺您，您是一个特别好的爸爸或妈妈，这是您孩子的福气！

太多太多需要我们以一棵小树苗为陪伴对象去做的事情了，大人们既不能越位，也不能缺位，该指导的指导，该放手的放手，该降低要求的，适当降低要求。

只需记住，好的教育的前提是对教育对象有正确的角色认知。后面的一切都是以此作为基础。、

更重要的，孩子和我们都能够在教育的过程中收获意想不到的快乐。

以上就是本节课的全部内容，希望对您有所帮助，我们下节课见。

2. 父母的教育最重要

说完对孩子的角色认知，我们一起来聊聊父母的角色认知。

很多家长在教育孩子的时候过高地依赖老师和学校，甚至是课外的补习班，往往忽视了最为重要的教育是父母的教育。好的家庭教育一定不能让爸妈缺位。那么，什么样的爸妈才能在家庭教育中发挥有效的作用呢？

爸妈一定要注意以下几个方面：

第一，保证陪伴孩子的时间。

我知道，大人们的时间都是异常紧张的。无论哪个行业，不管辛苦不辛苦，有一点是共性的，那就是时间不属于我们自己。我们大多数人都需要用自己的时间去换取生活所需，有时只是付出时间还不够，还要牺牲健康。但回过头来想一下，忙碌的我们终究是为了谁呢？是需要赡养的老人和需要陪伴的孩子。

孩子在小的时候有着极强的依赖感和向父母表达的欲望。每天放学后都会主动和爸妈说话，这个时候，如果我们告诉孩子："爸爸很累了，你自己去玩一会儿！"时间长了，孩子就会非常"懂事"地不再去打扰我们了。

试想几个场景：孩子在科学课上因为一个奇思妙想受到了老师的表扬，回到家里正要和您分享，而您因为疲惫以没有时间为由拒绝了，很可能他（她）的爱动脑的好习惯就被扼杀了，而您，也失去了因为孩子的优秀而感到欣慰的机会；孩子在学校和同学打架，原本自己占理却被老师批评了，在学校打算好回家和爸妈说清原委，请求爸妈能给自己主持公道。可您没有给孩子表述的时间，不耐烦地说："再让老师批评我，就狠狠地惩罚你。"孩子在感到特别无助后，在心底生出来的念头就是爸妈是不会帮助我的，他们不关心我，我和他们说什么都没用。

一天，您有了时间，想和孩子聊一聊在学校的事情。

您问："儿子，最近在学校有什么事情和爸爸说吗？"

孩子想都没想就回答您："没啥。"

以后种种也都是"还行""一般""挺好"的敷衍话语，您和孩子沟通的大门早已经被您以没有时间为由给关上了。

所以，陪伴孩子不能等我们有了时间再去做。

当然，我了解有些家庭的爸妈为了维持家庭的开支，不得不远走他乡，长时间地不能陪在孩子身边。这样的爸妈有两个选择：一个是能不能在家乡做些事情，另一个是花些钱让孩子在工作地点借读。

第二，要有良好的心态。

和没有时间陪伴孩子不同的是，有一个群体的时间特别充足，就是全职爸爸或全职妈妈。

这个群体由于夫妻一方工作，另一方就可以用全部的时间来全程陪伴孩子。所以很多人会认为，全职爸妈的孩子是最幸福的。现实情况却不是这样。一部分全职爸妈因为把所有时间都放在了孩子的身上，时间长了，教育孩子就成了他（她）的工作，而教育好孩子，让孩子成为人中龙凤则成了他（她）的信仰。在学习成绩上要求极高，孩子的一点儿退步，就会让全家草木皆兵。在孩子的才艺培养方面也是多多益善，搞得孩子筋疲力尽。而爸妈自己却浑然不觉，家里面温馨的时光少了，紧张的氛围浓了，这不仅不利于孩子的成长，长此以往，对大人和孩子的身心都是一种伤害。爸妈若能用一个良好的心态对待孩子的成长，允许孩子成为精英，也接受孩子的平凡，充沛的陪伴时间就会成为孩子强大的助力。

还有一种典型的情况，爸妈由于原来的家庭境况、受教育程度等因素影响，虽然很努力地拼搏，但终究还是收入微薄。这时，对自身生存状况的不满会逐渐变成对孩子未来的担忧，生怕孩子不能通过学习的通道变得比自己好。所以会把家里面有限的资源条件都向孩子倾斜，当孩子成绩不理想时就难以接受。

心态不好的原因多数都是因为期望过大，不能够量体裁衣、因材施教。而心态不好的结果往往是竹篮打水一场空，孩子并没有鲤鱼跃龙门，快乐的童年时光却一去不复返。

好的心态需要对孩子有正确的定位。好的教育是让能成为科学家的成为科学家，能做教师的做教师，能当医生的当医生，并使他们在各自选择的岗位上快乐地工作着、生活着。

第三，教育要讲究方法。

讲方法的爸妈，是在享受教育的乐趣。不讲方法的爸妈经常会说："我的心脏病都让孩子给气出来了！"

很多家长是两个极端，要么不管，要么往死里管。

我给大家提供几个有效的建议：

1.凡事以兴趣为前提。

当孩子喜欢打羽毛球时，就陪他（她）打羽毛球，不要想着在外面辅导班上的是篮球课，练习篮球才是正事；当孩子喜欢摆弄电脑时，就给他布置几个小问题，让他学会基本的软件操作，而不是说："你该去背英语单词了！"如果想让他提高数学成绩，上辅导班不是最好的办法，而是先通过数学游戏培养他（她）在数学方面的兴趣，然后再辅以必要的练习。

2.多给孩子选择的权利。

孩子放学后，有数学作业要做，有吉他需要练习，还有他（她）自己喜欢的书要看。这个时候有些家长会命令孩子先把数学作业做了，然后练习吉他，最后的时间留给他（她）读书。我们可以换个方式，告诉他（她）睡觉前有三件事情要做，可以自由地选择完成的顺序，并把各项的要求告诉孩子：

比如书写的规范、练琴的姿势。几天后再和孩子一起总结哪个顺序对他（她）最好，以后多数的情况下，就按照这个自己决定的最优方案执行。这样做不仅使得教育过程更加柔和，也培养了孩子对做事的过程分析和决策能力。

3. 不过多地指责，也不过分地表扬。

当下很多家长已经注意到培养孩子自信的重要性，所以一般不会过多地指责。但让我在教育工作中遇到的同样感到严重的问题是：很多孩子过于自信。究其原因，就在于家长和老师过于崇尚鼓励教育，这会给孩子未来的成长埋下很大的隐患，那就是自我定位的不准确，使得他（她）在逐渐接近现实时受到一次又一次打击，由极度自信到完全失去自信。

正确的方式是时常和孩子对某件小事做客观点评，对自身的某项能力或想法做出客观分析，对于缺乏自信的多加肯定，对于盲目自信的加以纠正。

4. 凡事从细微之处入手。

我们一同来看一件事情，无论是哪个学龄段的家长都可以检验一下。请大家认真地检查一下孩子的书写，包括汉字、数字、英文字母及数学运算符号。小学五年级以后仍然不工整的就说明一件事、家长根本就没有有效地、持续性地监督指导。如果孩子写得特别好，说明家长在平时的教育过程中是非常注重细节的。

教育过程中需要注意的方法有很多，我们需要一边陪伴成长，一边学习。

方法不是最重要的，最重要的是您重视方法。

第四，给孩子一个快乐的家庭环境。

电影《美丽人生》讲述了一对犹太父子被送进了纳粹集中营。在黑暗的集中营里，父亲圭多一面千方百计找机会和女监里的妻子多拉取得联系，向多拉报平安，一面努力保护照顾幼小的儿子约叔华，他哄骗儿子这是在玩一场游戏，遵守游戏规则的人最终计分1000就能获得一辆真正的坦克回家。天真好奇的儿子对爸爸的话信以为真，把凶险的集中营当作了游戏的场景！圭多以游戏的方式让儿子的童心没有受到任何伤害。

让人动容的是，当解放来临之际，圭多将儿子藏在一个铁柜里，千叮咛万嘱咐叫他不要出来，否则会得不到坦克。圭多打算趁乱到女牢去找妻子多拉，但不幸的是他被纳粹士兵发现，当纳粹士兵押着圭多经过约叔华的铁柜时，他还乐观地、大步地前进，并暗示儿子不要出来。不久，就听见一声枪响，历经磨难的圭多惨死在德国纳粹的枪口下。

天亮了，约叔华从铁柜里爬出来，站在院子里，这时一辆真的坦克隆隆地开到他的面前，上面下来一个美军士兵，将他抱上坦克。真的如爸爸之前的约定，游戏的胜利者会获得一辆真正的坦克回家。

多年后每次回味这个影片，都会感觉父亲圭多特别伟大，在这样危险的情景之下，他不仅爱惜儿子的生命，还特别爱惜他的心灵。微笑地、大踏步地赴死，只为不给孩子带来一丝恐惧。

一个快乐的家庭是孩子一生取之不尽的财富。在他幼年时，快乐的家庭使孩子感觉温暖，让他健康地成长，壮年时，快乐的家庭给予孩子打拼的力量。

反观我们自己，是否时常以各种原由对孩子发脾气？有人会说，对孩子不严厉哪行啊？

我支持严格要求的做法，但严格要求是提高标准，而不是随意地呵斥。

爸妈是孩子的模板，孩子会从内而外地复制，一个暴躁的爸爸，就会培育出一个易怒的孩子；一个伤感的妈妈，就会培育出一个忧郁的孩子。而一个豁达的爸爸，一个温柔的妈妈，就会培育出一个心胸宽广、谦和友善的孩子。

第五，爸妈要有一定的格局。

在孩子尚未成年时，爸妈的眼就是孩子的眼。您的目光决定了孩子能看多远，您对时代的感知决定了培养孩子的方向，您在教育上的笃定可以保证您不跟风、不盲从。

未来成就自己的事业的一个关键条件是认识我们的时代。

大部分人不能认识时代，只能追随时代，这是一般的人。每一个时代都需要有一个理想，有一批所需要的人物，去做所需要的事业，来引领大家前进。

如果能够明白这个道理，在培养孩子时就会得心应手，分成三步走：认识时代，培养时代所需要的知识、技能和品质，引领时代。

即使不能引领，至少保证您能跟得上。

以上就是本节课的全部内容，希望对您有所帮助，我们下节课见。

3. 老师不是万能的

老师在教育过程中的重要作用是毋庸置疑的，他（她）是社会文化和知识传承的重要媒介，是孩子和家长信赖的领路人，更是社会道德的最后一道防线。所以，我们必须尊重教师这个职业，爱护每一个坚守教育岗位、用爱心陪伴孩子的老师。但是，这并不意味着教育的一切任务都要依靠老师去做。从家长的角度来看，必须时刻记住老师只是您的助手，老师并不是万能的，这样才能更好地做到家长和老师的教育互补，达到最佳的教育效果。

那么，我们怎么样认识老师这个角色，才能更好地帮助孩子们成长呢？下面，我给大家介绍这样几个原则：

第一个原则：老师是最重要的。

老师是把知识传授给孩子的最重要的人，是规范孩子行为习惯最细致的人，是白天时段陪伴孩子最长时间的人，是启迪孩子智慧最关键的人，也是帮助孩子树立理想、坚定信念、开拓视野的决定性因素。时代在不断地变化，社会在不断地进步，但教师的角色使命是持续的、不变的、永远重要的。

所以，聪明的家长是永远和老师保持一致的，而做得更好的，会经常在孩子面前肯定和赞美他（她）的老师，让老师的形象更加高大，这比你告诉他（她）"在学校一定要听老师的话"管用得多，孩子会把老师当成偶像、视作榜样，对老师的话言听计从，结果是使学校教育的效果大大提高，很多习惯都是一次性养成，没有反复。

办公室曾经有一位老师，由于要上晚课，有时候要把正在上中学的孩子接到办公室学习，晚课后再一同回家。在这期间，这位老师会当着部分在办公室的同事和孩子的面抱怨孩子的班主任是多么武断、物理老师年纪多么大、英语老师的讲课声音是多么小，等等。正常情况下，这样的事情是不适合在孩子面前抱怨的，再回到课堂时，他（她）会想到老师的种种不好，而对老师身上的优点视而不见。结果，从怀疑老师的人到怀疑老师传授知识的水平，一旦成绩下降，他（她）会借口说："英语老师讲课声音小，听不清；物理老师年纪大，思维慢；班主任平时很凶，我根本不喜欢他的课。"而事实是，同一个班级的学生，由同一个老师教授，成绩优异的孩子大有人在。

我为什么要举一个老师否定另一个老师的事例呢？因为我要和大家分享第二个原则。

第二个原则：老师是最不重要的。

有人说，刚刚告诉我们老师是最重要的，现在又说老师是最不重要的，这么讲不是很矛盾吗？听我慢慢讲来，您会发现，不仅不矛盾，还句句在理。

说老师是最重要的，是因为老师的角色和角色赋予其任务使然，说老师是最重要的一点儿都不为过。但是，我们不能忽视了受教育的主体是孩子，而不是老师。无论老师多么优秀，多么负责任，缺少了家长的监督和指导以及孩子的主动性，结果一定很不理想，"师父领进门，修行在个人"就是这个道理。

我曾经带过一个优秀的班级，优秀的教师配备，优秀的生源，高考中成绩非常优异，就是我们常常听到的"地区最牛班"，清北复交，应有尽有。在这样优秀的集体里有两个成绩相对不是特别突出的孩子：一个是"无欲无求"的小刚，一个是缺少陪伴的小伟。

小刚为人谦和低调、乐于助人，个人综合素质很好，就是对任何事都提不起兴致，小小年纪，一副看破红尘的样子，在学习上更是得过且过。我多次试图引导他树立一个目标，用目标来激发他的上进心，尝试多次，均以失败而告终。

后来，在与他的交谈中，他是这样对我说的："您的心思我都懂，也知道是为我好，可我就是不想努力。"

我说："为什么呢？你只要稍稍努力，以你的资质，就会有一个很不错的结果的。"

他说："那又能怎么样呢，我不想那样累，也不想将来那样忙。"

我说："哪样？"

他很失落地说："像我爸那样。"

我问："你爸爸有多忙？"

他说："基本上，两周或者一个月我能见他一次。"

我问："从你多大开始？"

他淡淡地说："从小学三年级到高二。"

之后，我的谈话对象就变成了他的爸爸，尽管他很忙，但还是非常配合的，我把孩子的感受告诉他。再后来，一次，我去教职工食堂用餐，经过学生食堂，看到他爸爸在陪他吃饭，爷俩有说有笑的。从那以后，我不再关注他的学习成绩，因为已经不再需要我关注了。其实，老师在很多时候只能起到观察、协调的作用，最终起决定性作用的，还是爸妈。

再来说说小伟。这个孩子思想单纯，品性纯厚，乐观开朗，是那种天真无邪、不太愿意长大的样子。在高二下学期，我意外地发现，他居然交了一个女朋友。我必须要了解一下，也好适当引导。

我试探着询问："帅哥，交女朋友了？"

他有些羞涩地笑了，点头说："嗯！"

我问："多长时间了？"

他略带掩饰地说："刚刚。"

我开玩笑说："那我可是厉害啊，刚刚开始就被我发现了。没事，这事正常，哪个帅哥没有个女孩子追求啊？但是你应该知道这是会影响学习的，你咋想的？"

他沉默了一下，说："知道，但就是没意思。"

我问："啥没意思？"

他说："无聊啊，还有点儿孤单，没人说话。"

我追问："我感觉你的朋友挺多的啊，一起打球的，一起神侃的！"

他说："还是感觉孤单，有些话和朋友也不能聊，就想找个人说说心里话。"

我没再和他纠缠这件事，又问他："你爸妈现在忙不忙？"

他说："还行吧，就是总也看不着。"

我问："他们不回家吗？"

他答："回，就是比较晚，我都睡觉了还没回来。"

我问："都忙什么呢？"

他有些不好意思地说："投标啊，在公司准备材料啊，开策划会啊，陪客户玩啊。"

我没再多问，和他约法三章：第一，两个人的学习不能耽误。第二，保证准时回家。第三，主动和爸妈做好沟通。

我能够理解家长在事业上打拼的辛苦和价值，但是，为了孩子的健康成长，之后我约见了孩子的爸爸，把我和孩子的对话复述了一遍。

坐在孩子爸爸的对面，我能够清晰地察觉到他的酸楚和无奈，还有比较大的忧虑。我宽慰他说："别把这事当作坏事，孩子谈恋爱的影响还是可控的，关键是给咱家长提了个醒，无论如何，在孩子成长的过程中，爸妈的关爱才是最重要的！"

第三个原则：老师不是万能的。

老师不是万能的，因为，一个老师要同时教育管理几十个甚至上百个学生，是很难做到面面俱到的。一双家长都不能保证对一个孩子的成长情况体察得细致入微，一个老师一双眼睛又怎么能同时发现几十个孩子的微小变化呢？多数情况下，老师只能做出集体性的要求。以小学阶段举例：比如孩子学习的姿势，老师会做出正确的规范说明，短期内也会经常提醒，但每个阶段都有不同的教学任务，规范姿势这个教育时期过后，就要靠家长督促了。大多数近视的孩子，家长是有绝对责任的，要么没有时常规范孩子的学习姿势，要么没有控制孩子对电子产品的使用时间。

老师不是万能的，因为，孩子的品格、毅力、自控力等是由家庭、社会及个人的价值取向等多方面影响的，不是老师一个人可以改变的。

我曾经教过一个"学霸"，不是学习拔尖的那种，而是学生中的"小霸王"。"小霸王"在校期间，所有校规校纪都违反不止一遍，打架斗殴就是他的体育课，校长、领导他都不放在眼里，谁也管不了，好在孩子和我的关系还算融洽，我是学校里唯一能约束他的人。因为他是住宿生，所以我经常是在下班时间段接到学校领导的电话："仲老师，快来学校一趟，你班某某某又把人给打了！"

就是这样的一个孩子，在高考中超常发挥考入了一所"211"大学。家里欢天喜地，鸣礼炮庆祝。自己的学生能够金榜题名，做为老师依然是高兴的，但同时也有一些牵挂。孩子临别来看望我，我告诫他："以前呢，你在学校，身份是高中学生，只有制度约束你，没有太大的惩罚；现在长大了，做事要有底线，对法律要心存敬畏，切记！"孩子应答："您放心吧，老师。"

大约八年后，已经大学毕业，担任项目经理的他因为贪污公款而入狱。人生跌入低谷，社会给了他严厉的惩罚。作为他的老师，我既痛心又无奈。

以上，我通过三节课说明了对孩子、父母和老师三种教育角色的认知，你会发现，在教育的过程中，没有哪一个角色能够单方面起到决定性的作用，但是如果哪个方面出现短板，就一定会影响教育的效果。

第六部分

教育规律的认知

1. 有时间玩的孩子，才能健康地成长

规律是什么？规律就是宇宙万物所遵循的法则。

从这节课开始，我们从规律的角度来和大家聊一聊在教育孩子的过程中，我们要遵从哪些必要的规律。

今天，我们首先聊一聊第一个教育的规律：有时间玩的孩子才能健康地成长。

对于每一个孩子来讲，从小学一年级到高中毕业的所有时间，加起来都是 12 年，算上大学本科，是 16 年的时间。这对于每一个人都是公平的，在这段公平的时间里，要想把孩子的教育做好，不仅要关注孩子的学习，更应该注重他们的健康。

刚刚说的小、初、高的 12 年的时间都是孩子的学习时间吗？很显然不是啊，

他们还要游戏、娱乐的嘛！可是很多家长不是这么想的，他们认为：孩子既然已经上学了，就应该一切以学习为中心，周六周日、寒暑假的时间都要给孩子用各种补习班填得满满的。其实，我们家长关注孩子的学习成绩是一件好的事情，它至少说明家长是对孩子负责的，并且在这个过程中家长也不是很轻松，除了经济上的付出，还要有大量的时间上的付出，路途远的需要开车接送吧，年龄小的时候得陪着吧！结果，家长和孩子共同跑了一场马拉松，很多时候还没有跑到终点就已经筋疲力尽了，掉队也是必然的。这是为什么呢？原因是我们只看到了学习的重要性，而忽视了健康成长的重要性。

这是可以理解的，很多家长认为，考上好大学就意味着能找到收入相对较高的工作，生活的压力可能就会小一些。

但是这种想法是不全面的，因为生活压力这件事，本身其实在各个阶层都是存在的，按照前面的逻辑，年薪50万、年薪100万的人压力应该比较小吧，但我告诉你，他们中的很多人比年薪5万、年薪10万的人的压力更大。首先，更高收入的人对住房、对居住的城市都会有更高的要求，这个要求就一下子把他（她）的收入优势给消耗了；其次，为了维系他（她）的高收入，他（她）得比一般的打工者在时间和精力上多付出很多，最终的结果是：高收入者的生活压力更大，生活质量更低，甚至有些人忙到"生无可恋"的程度。

我们再仔细想一下，这种高收入的人基本得是毕业于名牌大学，如果他（她）的个人资质不是很优秀，光靠在学习时间上比别人多付出，那基本上他（她）就是一个没有童年、没有少年，直接进入中年的人，因为中年人是最苦的，生活中压力最大、时间最紧、乐趣最少啊！

正确的做法是在我们应该在关注学业成长的同时，要关注孩子的健康成长。

有人问了："怎么做才能保证孩子健康成长呢？"告诉您一个简单有效的做法，那就是必须保证孩子游戏、玩耍的时间。每天放学后至少拿出一到两个小时的时间参加室外的体育活动，在这个过程中既能锻炼身体、释放压力，又能结交许多朋友，孩子的身体素质和心理素质都会得到提升。等到将来学习压力大或者工作压力大的时候，孩子的抗压能力就要比别人强，就能够顺利地度过。如果在这个过程中，家长也能参与其中，那你的收获就更大了。孩子由于爸妈在运动场上的陪伴，会变得更加阳光、更加有安全感，家长也会在其中体会到为人父母的乐趣，也能减轻很大的压力。何乐而不为呢？玩是孩子的天性，不让孩子玩或少让孩子玩，都是违背规律的做法。

您只需要记住，时间的总和对于每一个人都是一样的，此消彼长。平衡好学业成长和健康成长的关系才不至于让孩子和我们大人"虚度光阴"啊！

老子说过："道法自然。"那我说："教，也要法自然。"

有人又说了："老师你说得太容易，我家孩子现在即使把所有的时间都用来学习，也还是个学渣，我们哪有时间玩啊？"下面，我就通过"如何做好时间规划"这个问题来回答你的疑问。

英国著名哲学家弗朗西斯·培根曾经说过："合理安排时间，就等于节约时间。"

所以，在时间总和不变的情况下，我们可以通过合理的规划来节约出大量的时间。我从长期规划和短期规划两个方面给大家几点建议。

首先，我们聊聊学习的长期规划。

我所讲的长期，指的是从小学到高中的 12 年时间。家长朋友们都有一个严重的认知误区：认为高中阶段是最重要的阶段，其实不是这样的。

不懂教育的人会认为高中是最重要的，稍懂教育的人会认为初中是最重要的，而懂教育的人都知道，小学阶段才是最重要的。在现实生活中不懂教育的家长占了大多数，导致孩子在小学最轻松，初中比较累，高中累得要死。这种认知导致了一个严重的后果：错过了小学时的最佳教育时期。因为孩子的良好性格形成、习惯的养成和基本能力的锻炼都是在这个时期完成的。我们有些孩子为什么写作业慢啊？因为字写得不够好，又慢又丑，别人写完一篇作文，他连第一段还没写好。还有的孩子基本的四则运算直到初中还不是很熟练，考试成绩不高就总以马虎为借口，事实是很多时候根本不是马虎，就是计算不够准确。别的方面先不说，就这两个基本的能力，有多少孩子是合格的？如果不合格，为以后上初中和高中埋下很大的隐患，会大大降低学习的效率，节约时间就无从谈起了。

所以，从长期的角度看，我们要特别重视小学阶段，这种重视并不是您给孩子报了多少个补课班，而是在平时严格要求，引导孩子养成良好的学习习惯。有的家长为了帮孩子开发数学思维，让孩子学习了奥数，这属于更上一层楼的事情，在这之前，要先看看基础有没有打好。只要基础打好了，初中和高中的学习就会事半功倍。关于小学的重要性，我会单独用一节课的时间和大家专门谈论。

其次，我们聊一下短期的时间规划。

你有没有发现，孩子有时什么都没干小半天的时间就过去了，或者一个晚上根本没学什么就到了睡觉的时间了。还有很多想做还没做的学习任务根本没时间做了。为什么呢？就两个原因：一个是拖延，一个是注意力不集中。

一些孩子到了学习的时间总是不能马上进入状态，一会儿上个厕所，一会儿吃点东西。这个问题看似很小，实际上长期不改就会让孩子养成"拖延"的坏毛病。正确的方法是：和孩子协商好，什么时间休息？什么时间学习？制定好日常学习生活时间表，每天在什么时间就必须做什么事情，一分钟都不能耽搁，上厕所啊，吃东西啊，都不要占用计划好的学习时间。时间长了，孩子也就有了时间的观念，做事情的紧迫感也就增强了。

另外一个大的问题是学习时注意力不够集中。对于低年级的孩子来讲，注意力不集中是正常的现象，年龄越小的孩子注意力集中的时间越短。在小学一年级，就让一个孩子在 40 分钟时长的一节课保证集中注意力 35 分钟以上是不科学的，因为正常的孩子在一年级的时候就是做不到啊，只能保证一次最多集中 10 到 20 分钟的注意力，然后就要说话啊，胡思乱想啊。我们老师或家长安排一年级孩子的主要学习任务也要在这个时间内完成，如果还有其他任务，调整之后再继续进行。这是符合规律的。

随着年龄的增长和学习活动的增加，一般孩子每次集中注意力的时长会逐渐增加。到了初中的时候，一次集中注意力 40 分钟，对于多数的孩子都不是问题。如果您发现自己家的孩子注意力不够集中，那就要注意了，可以从以下三个方面着手提高：

一、和孩子反复地、耐心地沟通，让他（她）明白集中注意力的好处，当孩子有进步时要进行鼓励或奖励。

二、做一些训练注意力集中的游戏，比如拼图游戏、组装玩具的游戏。

三、每次完成作业任务，都给孩子限定时间，也就是多做一些限时训练。

当孩子做事不再拖延，学习的注意力能够集中的时候，平时的学习活动就会变得更有效率，就为自己节约了大量的时间。学习的时间短了，玩的时间自然也就长了。

很多优秀的人对于时间的理解和把控都要比一般人好得多，他们把时间看作生命、看作武器，我们很多普通的人，普通就普通在没能很好地把控自己有限的时间。

所以，在孩子小的时候就帮助他（她）树立时间的观念，学会合理地安排时间是十分必要的。

以上就是本节课的全部内容，希望对您有所帮助，我们下节课见。

2. 兴趣是最好的老师

今天这节课，我引用著名科学家爱因斯坦的一句话作为标题："兴趣是最好的老师"。

关于兴趣，很多人也都发表过独到的类似的看法。比如日本著名的教育家木村久一就曾说过："天才，就是强烈的兴趣和顽强的入迷。"比木村久一更加著名的我国古代的著名教育家孔子也曾说过："知之者不如好之者，好之者不如乐之者。"

相比之下，我还是更喜欢"兴趣是最好的老师"这句话，简单、通俗却揭示了一个重要的规律，那就是：从兴趣出发的教育，会收获意想不到的惊喜。

很多家长问过我相同的问题："我家的孩子在小学的时候一直学习很好，为什么到初中成绩越来越差了呢？"

我告诉他们："要么是学习的习惯不好，要么就是孩子对学习不感兴趣。"

他们说："老师您可说对了，我发现孩子大了越来越不喜欢学习了。"

这就是问题的关键。小学的时候为什么学习好？那是由于小学阶段的学习内容难度较低，很多负责任的家长，对孩子的学习抓得很紧。孩子在家长的督促下认真一些就能够取得不错的成绩。但是弊端也出来了，家长看得紧了，就容易造成孩子对学习的厌烦；随着年龄的增长，当他（她）自己能够做主的时候，孩子选择了逆反：你越让我学，我偏不学。经过几番较量，家长无计可施，败下阵来。所以这种情况的"好"实际上是假的"好"。

我们应该怎样做才能得到真的"好"呢？怎么让孩子学习有后劲，让他（她）在初中、高中乃至大学都能主动地、持续地热爱学习呢？答案只有一个，那就是：花大力气培养孩子的学习兴趣。孩子对学习有了兴趣，学习就会主动起来，主动到你拦都拦不住。

下面和大家分享一个我的教学案例：

我曾经教过一个目前在清华大学读书的孩子，高中三年时间他的妈妈只给我打过一个求助电话，求助的内容是怎么让孩子晚上早点儿睡觉。因为这个孩子经常学习到凌晨一两点钟，他妈妈百般劝阻无效，最后只好拉电闸，可是孩子还在被窝里用手电筒继续学习。这样下去，他的妈妈担心孩子身体和视力出问题。

实际上这个孩子的妈妈所担心的问题，我是有"责任"的。为什么这么说呢？听我慢慢说来：

这个孩子高一入学的成绩属于年级的顶尖高手，但如果按照出类拔萃的标准，他真的还算不上。可是我发现这孩子经常在纸上画一些房子啊、大桥啊，画得惟妙惟肖、生动逼真，凭借经验，我感觉他对建筑有一点儿兴趣。我在课余时间多次和他聊天，印象最深的有两次。

一次在学校操场，我说："我看到你经常画一些建筑物，是不是对建筑很感兴趣？"

他回答说："被老师看出来了，我只是随便画画。"

我急忙说："这可不能随便，这是你的兴趣啊！你要是真的在这方面有很大的兴趣，就要认真地对待。给你推荐一本建筑学的经典教材，你先看看。这本书是天津大学彭一刚老先生的《建筑空间组合论》，很经典。若是能看进去，咱们再聊。"

第二次是孩子主动找我。一天，在放学的路上，他从我身后追过来。告诉我说："书还没看完，因为看得比较仔细，只想问您一个问题。"

我开玩笑说："什么问题呀？我是教物理的，建筑学我可不懂啊！"

他有点儿不好意思地问我："老师，我能考上清华大学的建筑系吗？"

我心里高兴啊，孩子的上进心太强了，我回答说："考清华建筑系得在咱们学校稳居年级第一，以你现在的成绩肯定还有些距离，但还有两年多的时间，我相信会有奇迹，关键是你信不信，你怎么学。"

再后来他妈妈就打电话求助了，再后来奇迹就真的出现了。

大二暑假孩子回来看我，感谢我说："仲老师，是您的那一本建筑学教材激发了我对建筑学的兴趣，才让我有了今天的成绩啊！"

我很客观地和孩子说："我可没有那么大的本事啊，我只是发现了你的兴趣而已，你的成绩完全源自你对建筑学的浓厚兴趣，并能够为了实现自己的理想而持续努力。"

有人可能会说："老师，您说的这个可能只是个案，不是很适合我家的孩子。"那我要和您讲一下其他的曾发生在很多孩子身上的，由于兴趣浓厚而取得不错的教育结果的事例：

每年，国内的一类高校对学校的特长生都有一定的招生名额，我身边有的学生通过打高中的篮球联赛，获得了清华大学过二本线就录取的资格；有的学生通过打乒乓球、游泳的特长被上海交大、浙江大学、武汉大学录取；还有的参加全国中学生各种杯赛作文，获得特别好的成绩后，被北京大学中文系降分录取等；人数更多的还有被一些家长和学生认可的五大学科竞赛，东北师大附中每年被清华和北大录取的五六十个孩子中，有一半以上的人都是通过在学科竞赛中取得了优异成绩，进而获得保送清华或北大的资格，或者降分录取。

孩子们能取得这么好的成绩，除了较好的个人资质以外，不能说和个人兴趣是没有关系的。因为无论从哪个方向发展，走到最顶尖的位置时竞争都是特别激烈的，在那个水平的训练的强度是很大的，没有一定的兴趣，光靠毅力来坚持，是很痛苦的事情，也是很难成功的。

你看，从这些个教学事例中，你会更加清晰地看到由兴趣发展成为特长，对一个孩子在学业上的推动作用。有的人问了："我该怎么培养孩子的兴趣呢？"

我这里给大家两点建议：

第一个建议，多让孩子接触新鲜的事物，多给孩子尝试的机会和时间，多为孩子做综合性的计划。

培养兴趣的第一步是发现孩子兴趣的所在，所以我们在孩子年龄小的时候，具体就是小学二、三年级以前，一定让孩子多接触各种事物，比如才艺方面的画画、篮球、唱歌，志趣方面的读书、手工制作、简单的编程等，都要提供大量的机会给孩子持续性地接触。最终您如果发现孩子对某一项事物总是乐此不疲的，那就是他的兴趣所在。接下来，我们就把孩子大部分的业余精力投入这里，其他方面也兼顾一两项，这样就会既保证孩子把兴趣发展成为特长，又兼顾到综合素质的发展。比如说，我们发现孩子从小对计算机编程很感兴趣，打算在计算机编程方面培养孩子，我们就要最晚在初中阶段接受专业的指导，同时要注意对他在数学和体育两个方面的培养，因为数学是计算机的基础，而身体健康是每一个程序员都面临的职业风险。同时，若是再能喜欢上读书和音乐，他将会是一个非常有趣的人。

再比如，我们发现孩子对乒乓球很感兴趣，又比较有天赋，想让孩子通过体育特长生进入名校。那您就要知道这是需要大量的时间来训练的，以至于孩子在文化课方面会比较薄弱，所以您在孩子进行体育训练的同时要琢磨孩子将来从事哪一方面的工作，因为他只是以一个特长生的身份进入大学的学生，他的价值是可以为学校带来竞技方面的荣誉，但是乒乓球不能打一辈子啊，毕业后靠哪方面的技能吃饭，还是要早做打算，这样就可以未雨绸缪。这就是我说的综合性的计划。

第二个建议，学习的兴趣是后天的被动兴趣，需要分阶段地培养。

在诸多的兴趣当中，学习兴趣对于多数孩子是最难培养的，但也是对个人发展最重要的，这也是当下的家长们最关注的。毕竟升入一所好的大学，才是很多孩子成才的不二选择嘛！

由于学习本身的性质关系，学习兴趣的培养在不同的年龄阶段是不一样的。

在低学龄阶段，从学前到六年级以前，孩子的学习兴趣还是主要靠直观的、能够切身感受到的乐趣培养，所以无论是学习数学、语文和英语，若能够以做游戏的方式进行，寓教于乐，那么就会使学习的效果事半功倍，孩子也会越来越喜欢学习。相反，如果从小让孩子大量地刷题，对传统的经典诗词或者英语单词进行大量的、机械性的背诵，短期看会感觉孩子掌握了很多知识，其实很容易使孩子失去学习兴趣。但是语文和英语这两个学科确实需要大量的积累，如果能组织几个小朋友经常一同比赛背诵，或者和家长一起比赛背诵，就会好很多。

在中学阶段，课程的难度加大了，每节课的知识容量也变大了，而每个学科的课时是有限定的，所以老师在授课中不可能融入太多的游戏互动环节。这个时候，孩子的学习兴趣不仅不会变得更强，反而很可能会产生厌学的情绪。行之有效的方法是，我们要能够发现这个阶段驱动孩子努力学习的因素。根据我的经验，总结有三个因素：

一、孩子自身的上进心。

二、和老师的关系是否融洽。

三、获取知识后，开启智慧的喜悦。

从这三个方面出发，在孩子升入初高中后，我们家长就要做好三件事情：

第一，依托孩子的上进心，帮助孩子做好短期、中期和长期的学习发展目标。短期和中期目标内容以学校的考试成绩排名为主，长期的目标包括将来打算上什么大学，到哪个城市发展，学习什么专业。这个目标就好比挂在小毛驴前面的胡萝卜，就是让孩子有个奔头。

第二，所谓"亲其师，信其道"，我们要引导孩子喜欢老师。家长如果当着孩子的面评价老师的缺点，那只有一个后果：孩子这门学科的成绩一落千丈。相反，很多孩子都是因为喜欢某个老师，进而喜欢这个学科，不管课程有多难，为了喜欢的老师，都会玩命地学。

第三，如果可以，抽出时间和孩子聊聊身边的经济、哲学、科技或文学。讨论一场科幻电影，点评一个财经事件，分享一个黑科技等，都会让孩子感受到知识的力量和乐趣的。这会大大地增强其主动学习的意愿。

以上就是这节课的全部内容，希望对您有所帮助，我们下节课见。

3. 小学阶段是最重要的教育时期

我们先来一同思考一个问题：您认为小学、初中和高中，哪个阶段是一个人成长最关键的时期？

相信很多人会选择高中，因为高考成绩的好坏是会直接决定升入高校的档次的。

也有一部分人会认为是初中，因为初中是承上启下的阶段，中考如果能够升入一所顶级高中，感觉高考似乎也多了一些把握。

如果我说，一个人成长最重要的阶段是小学阶段，您会认同吗？

下面，我将从三个方面来和您分享我的观点：

一、小学阶段是一个人心理发育最重要的时期。

二、小学阶段是一个人性格形成的重要时期。

三、小学阶段是一个人习惯养成的重要时期。

第一，小学阶段是一个人心理发育最重要的时期。

谈到心理发育这个领域，我们暂且绕开弗洛伊德、埃里克森这些心理学大师的系统理论，就从实践中看几个事例，只要能认识到这个时期对于心理发育很重要就可以了。

小强是我教过的一个男孩儿，那年，他身穿蓝色运动服第一次走进班级，给我的第一印象是稳重而低调。第一次引起我的注意是在高一上学期的期中考试中，小强在一众高手中脱颖而出，考取了年级第一名。但对于同学们给予的祝福的掌声和老师肯定的话语，他表现得异常淡定。后来，我找机会和他聊天，了解到他读小学二年级的时候父母因为感情不和而离婚，爸妈各自组建家庭后把他留给爷爷奶奶照顾。从那时起，他学会了自立，也变得安静，安静得一句话都不说。一个原本健康阳光的孩子，由于父母离异在心理上造成的阴影，把自己关在了一个封闭的世界，从来不主动和外界交流。

大路是我的朋友，三十出头，事业小成，是外人眼里的生活的主人。近几年学习开支比较大，他迷上了心理疏导的培训课程。内容包括重塑自我、找回自我之类的，学费动辄几万元。他告诉我学习心理让自己变得自信，内心更从容，把沉积在心里面很多年的一些郁结给解开了。我追问他："是什么时候的郁结，有那么严重吗？"他回答说："你们看到的我的乐观其实都是经过调整和处理过的，我小的时候受到了一些来自同学的伤害，虽然过去了很多年，还是让我常常快乐不起来！"

我们现在经常会提到一个词语：内心强大。

所谓内心强大其实就是心理素质过硬，抗挫折能力强，一般的小磕小碰都不当回事。

我上小学的时候是 20 世纪 80 年代末期。那时人们的生活水平相比今天较低，但孩子们内心都很强大，强大到我们的期中和期末成绩都是公开的。考完试一人一张成绩单，从第一名到最后第一名，一览无余。我们从来没听说哪个孩子因为考试成绩不好而寻短见。后来社会进步了，有人说公布成绩会对孩子的心理造成压力，太暴力。成绩是学生的隐私，应该予以保护。后来就都保护起来了，考完试一人一个分数条，只能看到自己的成绩，和别人不再有对比，差的不知道自己有多差，好的也不知道自己究竟有多好，就是低头学习。老师也总是把成绩藏着掖着，生怕泄露后有学生家长站出来反对，或是出现个意外事故而惹上麻烦。但是，孩子的压力感觉并未因此而减小。为什么呢？这里面的原因是复杂的，但有一个原因很重要，就是孩子们承担压力的能力大大降低了，内心一点儿都不强大。

与学校形成鲜明对比的是，社会从来不是温柔的，它总是更加青睐强者，强者恒强就是这个道理。作为家长的我们应该在小学时期给孩子以适当的空间。很多事多放手，不怕错，错了之后才会去承担后果。这个承担的过程就让孩子慢慢地长大，内心也跟着强大起来。

第二，小学阶段是一个人性格形成的重要时期。

我们大人一路走过来能有一个深刻的体会：好的学历会使你有一个步入社会的高起点，较强的能力会使你在工作中游刃有余，但它们都不是能使你快乐生活的决定性因素。决定一个人是否能够在杂乱的工作和生活中感受到快乐的，是他（她）的性格，一个名校的学历比不上一个阳光的性格。

小学阶段孩子们看似年龄小，少不更事，其实他们的内心是非常敏感的。他们会因为一个鼓励而兴奋不已，也会因为一个冷落的眼神而耿耿于怀。作为家长的我们要时常关注、倾听他们的内心感受，分享孩子的喜怒哀乐，在他们受到委屈或不公平的对待时及时疏导、及时保护，才能避免他们受到伤害。

一个简单的检验指标，就是经常观察孩子笑容的多少。总是把笑容挂在脸上的人，性格是不会差的，将来的运气更是不会差的。养成乐观、积极的性格，一个简单的方法就是要保证孩子有充足的玩乐的时间和空间。条件允许的话，尽量居住在运动场附近，既能锻炼身体、培养娱乐爱好，又能结交小伙伴。我们对孩子的教育的最终目标，其实就是能让他（她）独立、快乐地生活。喜欢玩的孩子是热爱生活的，性格也是阳光的。

第三，小学阶段是一个人习惯养成的重要时期。

我在教学过程中经常发现有的孩子进入高中后有很多坏习惯，而这些坏习惯经常都是不容易改掉的。

我们班的语文老师从孩子们升入高一时，就不间断地督促、指导他们规范书写，因为高考时作文是有卷面分的。我也一直跟踪观察，到高三时发现一个尴尬的结果：多数孩子的书写没有一点儿进步，原来好的仍然很好，原来糟糕的还是一样的糟糕。

为什么会这样呢？因为书写应该是在小学一至四年级重点培养的能力。这个时期是最佳时期，一开始怎么要求，以后就怎么写。错过了这个时期，你就要再多花几倍的时间去改正、规范，因为多了一个纠偏的过程嘛！其他的学习习惯大多也是一个道理，都是在一开始的时候就按照正确的方式方法约束。比如学习的姿势，如果不标准就会影响健康，小的时候会影响视力，长大后颈椎、腰椎等就会出毛病。

再一个特别重要的学习习惯就是阅读。

从应试的角度，未来的中考、高考中，语文学科的难度、广度会大大提高，甚至会达到使一部分同学答不完试卷的程度。语文学科的大分值主要集中在阅读和写作两项，而高水平写作的一个大前提是在文字上见多识广，阅读是写作的基础。同时，以后的考试会大幅度增加试卷的字数，对审题和抓取关键信息的能力有更高的要求。也就是说，所有学科都涉及考查阅读理解的能力。

抛开应试，阅读的作用其实更大。所有的教育中自我教育是最持久的，也是最主动、最有乐趣的，阅读是自我教育的重要途径。

我在网上曾经看到一个有趣的对话：

一个人说："我小的时候读了很多书，现在差不多都忘了，读书有什么用啊？"

另一个人的回复非常好："你小的时候吃了很多饭，现在都不见了，可是饭的营养已经被你吸收，进入你的皮肉甚至骨头里了。"

阅读可以滋养一个人的情操，升华一个人的气质，甚至净化一个人的灵魂。而这么重要的习惯，必须从小学时期抓起。如果晚了，就会变成应试的阅读和功利的阅读，人们不能够在其中感受到乐趣。

好的学习习惯还有预习的习惯、复习的习惯、做笔记的习惯以及认真思考的习惯等，好的学习成绩不一定是由好的学校决定的，但一定是由好的学习习惯决定的，而好的学习习惯主要是靠家长帮助养成的，并且一定得在小学阶段养成。在小学阶段如果养成了良好的学习习惯，可以使得孩子学习事半功倍，否则就是事倍功半。

除了学习，我们还要重视孩子做事的能力。怎样才能让孩子愿意做事、会做事呢？最有效、最使孩子受益的就是培养热爱劳动的习惯。

有关方面曾就各国小学生每日家务劳动时间披露过这样一组数据：美国平均每人每天是 1.2 小时，韩国是 0.7 小时，英国是 0.6 小时，法国是 0.5 小时，日本是 0.4 小时。而中国只有短短 0.2 小时，即每天只有可怜的 12 分钟。城市里的孩子家务劳动的时间更是少之又少，甚至还有多少孩子的劳动时间是零呢！

每天 12 分钟有什么后果呢，我们再来看另外一组数据：美国哈佛大学的学者们在进行了长达二十多年的跟踪研究之后，得出了一个惊人的结论：爱干家务的孩子与不爱干家务的孩子相比，失业率为 1：15，犯罪率为 1：10；离婚率与心理患病率也有显著差别。由此可见，参加家务劳动不仅可以锻炼孩子的劳动能力，更重要的是它关系到孩子今后的就业成才和生活的幸福。

所以，正确的教育内容应该也必须包括：让孩子从小做家务。

这不仅仅是为了减轻父母的负担，还可以促进孩子的全面发展。通过承担一定的家务责任，孩子能够形成自我意识，建立起自信心，更有助于孩子形成独立的人格。这些都为孩子以后的成长打下坚实的基础。同时，我们在孩子做家务的过程中就能发现他（她）做事是否到位，进而加以指导。孩子的能力就在这个过程中得到提高了，而且，您可能有意外的收获。

而这些习惯的养成，小学是最好的时期。

以上就是这节课的全部内容，希望对您有所帮助，我们下节课见。

4. 爱护孩子最好的方式是教他守规矩

今天这节课，我们来聊一聊"规矩"和"创造力"这两个看似矛盾的话题。大家首先和我思考一个问题。如果有四种结果可以选择，您希望把孩子培养成一个什么样的人：

1. 既守规矩又有创造力的人。
2. 只守规矩而没有创造力的人。
3. 没有规矩而有创造力的人。
4. 既没有规矩也没有创造力的人。

这是我曾经在学校做的一个抽样调查，抽样调查的对象是高二学生的家长，抽样结果显示选择"既守规矩又有创造力"的最多，其次是"没有规矩而有创造力"，选择最少的是"既没有规矩又没有创造力"。这个结果其实是在意料之中的，哪个父母不希望自己的孩子好呢？然后，我重新发了一张表单，又做了一个抽样调查，选项和前面的都一样，只是问题变成了"请给您的孩子一个客观的评价，您认为您的孩子是以下哪一种人"。

现在您来猜一猜，选择哪个的最多呢？抽样调查结果显示：选择"既没有规矩又没有创造力"的是最多的。

那么，我为什么要做这样一个抽样调查呢？只有一个目的，就是想告诉家长们一个严峻的事实：我们的多数孩子既没有规矩又没有创造力。

我们为什么要特别关注孩子有没有规矩，有没有创造力呢？

因为遵守规矩可以让孩子避免犯一些严重的错误，创造力可以帮助孩子在某一个领域取得异于常人的成绩。

孟子说："没有规矩，不成方圆。"规，就是圆规，古代的工匠在制作器具时用它来画圆形；矩，是互成直角的曲尺，用它来画方形。人们用"规矩"来形容行为处事应当遵循的一定规范，超出这个规范，就是不守规矩。一个人如果不守规矩，就很可能为他（她）的不守规矩付出惨痛的代价；一个企业如果没有规矩，在人力资源或者财务等很多方面就会漏洞百出，为企业的长远发展埋下很多隐患；一个国家需要法律法规来维持秩序，如果人们都不守规矩，那就乱套了。

所以你看，小到个人，大到国家，都是要遵守一定规矩的。从文明礼貌、规章制度到法律法规其实都在用规矩来约束每一个人，好让整个社会是文明的、有秩序的。

规矩在一定程度上也是在保护每一个人，破坏规矩很可能为自己或者他人带来不可弥补的严重后果，所以，爱护孩子最好的方式就是教他（她）守规矩。

中国人是很讲究规矩的、什么场合穿什么衣服，见什么人要行什么礼、该怎样称呼，宴席上什么人坐什么位次，都是很有规矩的。现在有些人就没那么有规矩了，称呼不讲究，辈分乱了套，文明礼仪也已经大幅度滑坡，规章制度很多也已经形同虚设。

下面我来给大家讲一个因为破坏规矩而给自己带来灭顶之灾的案例：

2016 年 7 月 23 日，在北京八达岭野生动物园发生了一起老虎伤人事件。一名女游客不遵守园区不准私自下车的规定，在有野生东北虎活动的区域私自下车，被老虎咬住。她的妈妈救女心切，下车解救女儿。结果母亲被老虎咬死，这名女子被老虎咬成重伤。事发后，很多人都对事件中失去性命的妈妈感到惋惜和难过，但对受伤的这个女子没有表现出太多的同情，因为人们都认为这个悲剧的起因是这个女子违反了园区的规定，从而导致母亲命丧虎口。

这个事件是关于遵守规矩方面对我个人触动最大的，后来为了让孩子们能从中吸取教训，保护好自己，我根据这个事件在班级开展了一次"珍爱生命，遵守规矩"的主题班会。会上，同学们列举了很多反例，比如：闯红灯酿成严重的交通事故，等等。我为什么要开这个班会呢？因为如今的学生实在不是很有规矩。原因是很多家长都是以自由、民主的名义把规矩扔在了一边；以自然成长、解放天性的名义不去对孩子建立必要的规矩。结果孩子慢慢长大才发现已经失控。从不听爸妈的话，到不听老师的话，无法无天，却无人可以管教。最后只能是在给社会带来一定的危害后，由社会来进行强制管教。

家长们为什么会这样放纵孩子呢？第一个很重要的原因是不想把孩子管得太死，担心一旦给孩子建立很多规矩会影响其创造力的培养。根据多年的教育实践，那我要告诉您：遵守规矩，不会影响创造力的培养。

因为，规矩本身更多的是对人们行为的一种规范，为了社会秩序和生产效率而对人的行为的一种约束，它不会也不能约束人们的思想意识和思维方式。比如说中学生行为规范规定早上 8:00 上学，晚了就算迟到；规定垃圾要扔到垃圾箱里；规定见到师长要行礼；规定学生要认真完成作业，否则就要受到批评或惩罚；等等。您看看，这些孩子在学校应该遵守的规矩都只是在行为习惯上对他们进行约束，并没有影响思维的发展。

我们再来看一看什么是创造力。

现在比较认可的定义是：创造力，是人类特有的一种综合性本领。它是知识、智力、能力及优良的个性品质等复杂多因素综合优化构成的。创造力是指产生新思想，发现和创造新事物的能力。它是成功地完成某种创造性活动所必需的心理品质。例如创造新概念、新理论，更新技术，发明新设备、新方法，创作新作品都是创造力的表现。

从这个定义中，我们能知道影响创造力的几个要素是知识、智力、能力和优良的个性品质。所以，认为让孩子守规矩会影响到创造力的培养，是一种错误的认知。

创造力的培养比规矩的建立要困难很多，也要复杂很多，客观地说，这个问题一直是我们国家基础教育和高等教育的一个短板，而且是很要命的短板。我在前面的能力专题里面详细地谈过这个问题，您可以回过头再去看一下。

孩子不守规矩的第二个主要原因是家长在这方面的教育意识已经有了，但就是不会管。

下面就和大家分享一下我在教育孩子的过程中总结出来的四个经验：

第一，树立规矩前要和孩子充分沟通好。

让孩子理解，这样做对他（她）是有很大好处的，如果不这样做就会有什么危害。比如睡前一定要刷牙，不刷牙牙齿就会生病；写字时姿势一定要正确，不正确就会近视，视力受损后给学习和生活会带来很多不便；待人一定要礼貌真诚，这样就会建立融洽的人际关系；做错事了一定要道歉，这是对别人的尊重，也是自己承担错误应有的态度。

第二，规矩建立后，作为家长一定要坚持原则。

我的孩子从一年级时开始练字，我和他协商约定每天练习五行字。有一次儿子生病，感觉头疼恶心。

他和我商量说："爸爸，今天的字能不能不写了？"

我说："可以啊，今天难受就不写了，但是病好后一定要一字不差地补上。"

那天晚上儿子为了不把任务堆积到第二天，带病坚持完成了五行的练字任务。以后再生病从来没和我主动说要耽误作业，都是我看孩子实在坚持不住，才把作业延后的。

邻居家一个八岁男孩儿，和妈妈说要玩手机，他的妈妈不同意，孩子就哭闹不止。最后妈妈妥协了，把手机给孩子玩。以后凡是他妈妈不同意他的要求时，他都是又哭又闹，严重时就满地打滚儿。每次他的妈妈都是在孩子一阵哭闹后向他妥协，然后和我们抱怨说："这孩子太难管了！"

其实解决的办法很简单，就是狠下心来，坚持原则，不行就是不行，无论你怎么闹都不行。

家长们要知道，孩子的欲望是无止境的，随着孩子慢慢长大，他（她）的要求也越来越高。你不可能满足他（她）的所有要求，总有力不从心的时候。当你不再有能力满足他（她）的时候，小时候的小毛病长大后很可能就会变成大麻烦。很多家长在这方面追悔莫及，但为时已晚了。

第三，爸爸妈妈要以身作则。

谁是孩子最好的老师？是爸爸妈妈。谁是孩子最好的榜样？还是爸爸妈妈。有一句话说得好："榜样的力量是无穷的。"好的父母在各个方面都会想到要为孩子做出表率，而不合格的父母只会要求孩子，不能以身作则。这样对孩子和自己双重标准的家长，很容易让孩子不信服，也容易激起他（她）的逆反心理。对孩子的教育我们一定要以身作则，这样既能收获很好的教育效果，也能对自身修养和素质的提升起到积极作用。

第四，拒绝孩子的时候言语一定要柔和而坚定，这是对孩子说"不"的一个艺术。

陪伴孩子的过程中，对他们的一些不好的行为和不合理的要求，我们要及时地、坚定地说"不"。但是一些家长在表达这个态度时，很容易把嗓门提得很高，喊出甚至是吼出"不行""不可以"这样的话。家长的本意是"我不让你这样做是为你好"，但是，这种高分贝的喝止是最容易造成孩子逆反心理的，最后很可能造成孩子"凡是你说的话我都反着做"。另外，柔和而坚定的言语更能体现出家长的教育自信，也能使家长的态度更加鲜明。时间久了，您只需要轻轻地说一声"这是不可以的"，孩子就明白家长的态度，知道如果这样做，爸妈是不会同意的，他（她）也就不会再和你纠缠了。

以上就是本节课的全部内容，希望对您有所帮助，我们下节课见。

5. 心怀理想的人，总有无尽的光和热

今天我们来聊一个能够帮助孩子充满内在成长动力的话题——理想。

心怀理想的人，总有无尽的光和热。

古希腊著名的思想家苏格拉底曾说过："世界上最快乐的事，莫过于为理想而奋斗。"那什么是理想呢？简单来说，理想，就是人们对未来事物的美好想象和希望。但是，并不是任何想象都是理想。理想既不同于幻想，也不同于空想和妄想，理想是一种正确的想象。

我从个人成长的角度为理想归纳了三个特点：

第一，理想总是能让人们心心念念的，它像一颗种子会在人们的心底生根、发芽。

第二，理想能为人们提供持久的幸福感。

第三，理想能帮助人们克服困难，提供精神上强劲的动力，它像黑夜里的灯塔指引人们前行的道路。

在我接触过的学生中，有很多胸怀大志、志存高远的孩子。令男就是其中让我印象极其深刻的：

令男是我曾经的得力助手。第一次注意到他，是在新生入学的军训上。他身材矮小、皮肤黝黑，长相很普通，但是眼神很有光芒，和我对视时眼神不躲闪，很温和，也很自信。

　　我后来了解到，令男父母外出打工，常年不在家，孩子打小就和年迈的奶奶相依为命。虽然缺少父母的陪伴，他反而在各个方面都能严于律己。课堂听课的状态他是最好的，犯困的时候总是自己走到班级过道的后面站一会儿，一边站着，一边认真地做笔记。班级的工作也总是完成得最出色。年级负责管理的老师都和我反映："这孩子干活儿最像样！"我都及时地回复一句："这孩子学习也很出色的。"寝室老师也向我反映，说孩子晚上学习很晚，按照学校规定寝室 11 点熄灯。由于这孩子刻苦学习的劲头打动了老师，于是破例为他和几个认真的孩子开了一间单独的深夜自习室。凭我的经验判断，这孩子心里的想法肯定不简单，一定是一个特别有追求的人。

　　为了验证我的判断，也为了帮助其他孩子树立人生的目标，我叫令男同学主持召开一个名叫"有梦就有远方，一切皆有可能"的主题班会。班会的一个环节叫作"有梦就要大声地说出来"，作为主持人，他的梦想肯定也要大声地说出来。

　　令男说："我的梦想是做一名计算机科学家，然后组建自己的团队，让计算机远离人类。"

　　同学们听了都有点儿蒙，令男同学接着说："我知道计算机技术为人类带来了很多便利和进步，但我觉得这就是它扔给我们的一颗糖果，是一种诱惑，如果我们太过依赖它，无止境地发展计算机技术，最终可能为人类带来灾难。"

　　说到这儿，大家明白了他的观点。令男接着说："所以我要考一个计算机专业世界排名顶级水平的大学——麻省理工学院，然后用技术证明没有限制地开发这个技术是危险的。我要促进计算机科学技术的立法，规范使用并设置发展的边界，为人类设置一道防火墙。为了这个理想，我愿意吃任何苦，因为为了理想而奋斗的感觉一点儿都不苦，我很享受这种感觉。"

　　后来，令男的麻省理工理想没有实现，但是他获得了多伦多大学计算机的全额奖学金，也在向他的终极理想跨出了坚实的一步。这个孩子的事例是我在多年的教学中反复和不同年龄的学生们分享的理想驱动行动的生动而有价值的案例。令男同学不是为了改善生活条件而努力学习，他的思维和眼界更加开阔，想法也极具前瞻性。他每一天虽然都很辛苦，但都不是熬过去的，而是每过去一天，距离自己的理想就更近一步。这种更近一步的感觉让他感觉很幸福，他很享受这种为理想而拼搏。相比我班其他的同学，很多都是家长给定下的目标，必须考上国内的一类重点啊，最差也得是个"985"之类的目标，孩子们学习也很拼，但这种拼的感觉明显是被动的，因为这个目标是家长的期望，他们并不知道自己到底想要什么。

很多家长问过我类似的问题："仲老师，我们家的孩子上高中后怎么学习不努力啊？说什么都听不进去，这可怎么办啊？"

大多数这种情况的解决办法，就是要调动孩子内在的学习动力，让他们为了自己的目标而努力学习是最好的内在动力，这个目标就是理想。

有人又说了："仲老师您算说对了，我家孩子就是没有目标，没有理想，怎么才能让他（她）有一个目标，有一个理想呢？"

下面，我在如何树立理想的方面，给您提供五个有效的建议：

一、树立埋想要从小抓起。

二、要尊重孩子的想法。

三、读万卷书，不如行万里路。

四、孩子的理想一定要立足自身的能力。

五、理想的终极理想是幸福。

第一，树立理想要从小抓起。

在孩子小的时候要经常引导孩子面向未来的思维，比如大人们常问孩子的问题：长大后想做什么呀？孩子的思维和想象就会被问题牵引着去考虑未来的事情，这时家长需要注意的是无论孩子的答案是什么，都要鼓励他（她），不要用成人的带有功利的想法去衡量一个孩子眼中的世界。

我一个朋友问他五岁的孩子："长大后想做什么呀？"

孩子回答说："我要送外卖。"

我的朋友很会教育孩子，就问孩子："为什么想送外卖啊？"

孩子回答说："送外卖的叔叔有很多好吃的。"

妈妈并没有纠正外卖是给顾客的，外卖员不能吃的问题。

又对孩子说："啊，好啊，但不是谁都能送外卖的，送外卖必须得会骑电动车，然后还得能吃苦，不怕风吹日晒，摔倒了也不能哭，起来继续送。你能做到吗？"

孩子用力地点头，妈妈又和孩子约定："那咱们以后摔倒了，自己站起来好不好？然后妈妈在教你骑车的时候，你也要勇敢一些，长大后你就可以送外卖了。"

你看，我的朋友没有说送外卖的工作很辛苦啊，我们得做科学家啊医生啊之类的话，她是顺着孩子的愿望和孩子约定了"摔倒了要自己站起来"和"要勇敢地学习骑车"两件事情，好去帮助孩子完成他的理想，这就是非常好的教育了。当然，孩子大了，理想还是会改变的嘛！如果我们注重从小就对孩子进行树立理想的教育，那么这个深入孩子内心的一个或多个理想，就会一直指引着孩子朝这方面去努力，去完善自身的不足。如果孩子在小的时候家长没有去引导孩子思考未来，等到读高中了再去引导就要费很大力气，效果也不是很好。

第二，要尊重孩子的想法。

作为家长，我们不要把自己未完成的事业寄托在孩子身上，或是把自己的期望强加给孩子，最终在孩子的身上树立了家长的理想。换位思考一下，要是你，你会为了别人的理想而努力奋斗吗？肯定不会啊！因为理想本身就是"自己"对未来的希望和向往。

我曾经的一个学生小达非常优秀，他的爸爸也是一位事业有成的人，对社会未来的发展有独到的认识。他认为在未来相当长的一段时间内，微电子、生命科学和人工智能都是很有发展前景的领域。所以在孩子高一的时候就一直告诉孩子将来考大学就考这三个领域的专业。每次一有机会就和孩子讲，从来不问孩子自己的想法。到后来，只要爸爸一开口说，孩子就非常抵触。有一次爷俩吵得很厉害，我还要从中调解。

我问孩子："你不喜欢你爸爸为你考虑的方向，你自己有没有想法？"

孩子说："我喜欢数学，如果将来做数学研究不行，考研究生时也容易改专业。出国的话，选择性也相对宽泛，可是我爸从来不问我是怎么想的，就得听他的。我现在闹心得很，一点儿都不愿意学习。"

您看，孩子的想法是很成熟的，也是很科学的，只是他的爸爸没有注意到。如果孩子本科学数学，研究生去学习计算机科学也是很好的计划嘛。计算机科学也是人工智能的一个重要环节啊！

我多次和孩子的爸爸建议：适当考虑孩子的想法，别打消孩子学习的动力。可是他的爸爸非常强势，有点儿"儿子就得听老子"的意思。

孩子本有能力冲击上海交大这个水平的大学，结果高考分数下来，比正常水平低了30分。

通过这个案例，您会发现，如果家长过于强势，不尊重孩子本人的意愿，对孩子学习的积极性打击是很大的。

另外，我们很多家长问我说："仲老师，我们家孩子怎么一点儿也不上进呢，感觉他一点儿理想都没有。"现在您回忆一下，是不是在孩子成长的过程中，您在很多事情上都是很主观的，所有的计划都是您安排好的，所有的事情都是您决定的，孩子没有一点儿自我的空间，您让他有什么想法呢？他若有了自己的想法，不就是顶撞父母了吗？遗憾的是，我们很多孩子都是父母"希望"

的延续，已经没有了自我意识。

第三，读万卷书，不如行万里路。

多陪孩子旅行，接触不同的风土人情；和孩子一起多去著名的大学游历，为孩子培养清晰的升学目标；引导孩子多阅读名人传记，领略更多精彩的人生；多与孩子探讨最前沿的科技文化，培养对其科学的浓厚兴趣。

我们很多家长在孩子的寒暑假为孩子报了很多课外辅导班。本来是休息、充实自我的假期，孩子却是在忙忙碌碌中度过的。孩子只是比别人多刷了几套题，超前学了几节课，但失去了去看世界的机会。连大人们都说："世界那么大，我想去看看。"何况好奇心极强的孩子呢！

陪着孩子看世界，其实就是在陪着孩子建立他（她）内心的希望，这个希望就是对美好事物的向往，而这种向往会使一个人内心充满无尽的光和热。

我的学生佳乐就是一个很好的例子：

佳乐整个高中基本没怎么补课，假期除了在家严格按照自己制定的学习时间表学习外，都会留下十几天的时间和妈妈游玩，和爸爸聊天。一次，佳乐和妈妈到香港大学游玩，被港大的文化氛围深深地吸引住，他告诉妈妈说："来这儿以前，我对大学没有什么特别的向往，感觉在哪儿学习都一样，现在我有了清晰的目标，我就要考港大。"

之后他的高中生活除了高考必需的努力，还去查阅港大在内地的招生情况，包括政策和面试以及奖学金的发放条件等，这期间佳乐爸爸又和他一起探讨社会发展的方向、前沿的科技发展成果，帮助他进一步确立了专业方向。

高考成绩出来后，佳乐放弃了国内著名高校的录取机会，坚定地去实现了一直以来的理想，去了港大。我为他的美梦能够成真而感到高兴，也为他有一双会教育孩子的父母而感到幸运。

有人说了，领孩子到处玩是需要经济条件的。其实这不是主要的，您自己可以算一下，您给孩子补一年的课需要多少钱，领着孩子寒暑假游历两次需要多少钱，然后再算一下，哪一个会收获更大呢？

第四，孩子的理想一定要立足自身的能力。

力所能及或是跷一下脚能够摸得着的理想，对于孩子是没有负担的，如果理想大大地超越了一个人的能力，不仅不能实现，还会适得其反，成为负担。作为家长，我们要客观地承认孩子的个体差异，人和人有的时候是不能比的，一比较心态就会失衡。合理的追求是希望，不切实际的理想会给孩子和家长带来无尽的痛苦。

我的一个学生被他的妈妈以失去童年和青少年所有乐趣的代价，通过各种补课和暗无天日的刻苦学习，终于考上了吉林大学物理系。两年后，他妈妈给我打电话求助，说孩子现在学业不理想面临退学的风险。后来我了解到，主要是因为孩子的学习能力不行，还偏偏考了一个物理专业。他越学越吃力，越吃力就越痛苦，越痛苦就越不想学。严重时都有过轻生的念头，这样恶性循环，才导致出现了现在这样的局面。

所以，您一定要记住：合理的追求是希望，不切实际的理想会给孩子和家长带来无尽的痛苦。

第五，理想的终极理想是幸福。
学习好的孩子一定就快乐吗？不是的！
有钱人一定就幸福吗？不是的！
事业成功的人一定就幸福吗？也不是的！
所以啊，我们一定要认识到，理想是指引我们前进的灯塔，但它照亮的地方叫幸福。

人不能够被理想所累，一个目标实现了，获得短暂的快乐后就去追求下一个目标，无休无止，穷尽一生也都只是在追求理想的路上。

用辩证的思想看待理想，才能让它为我所用。

以上就是我们这个课程的全部内容了，您能够一直坚持地学习下来，一定是对孩子的成长十分负责，也是十分注重方法的家长。希望我的课程能给您在教育孩子方面带来一些帮助，祝愿孩子健康快乐地成长，感谢您的信任与陪伴。

再见！